Máscaras

ou

Aprendiz de Feiticeiro

Maurício Segall

MÁSCARAS

OU

APRENDIZ DE FEITICEIRO

20 anos de poesia

ILUMI//URAS

Copyright © 2000:
Maurício Segall

Copyright © desta edição:
Editora Iluminuras Ltda.

Capa:
Fê
sobre detalhe de *Leda* (1919), óleo sobre tela [103,5 x 80,5 cm], Otto Dix, modificado digitalmente. Cortesia do Los Angeles County Museum of Art.

Revisão:
Rose Zuanetti

Filmes de capa:
Fast Film - Editora e Fotolitos

Composição e filmes de miolo:
Iluminuras

ISBN: 85-7321-122-9

Nosso site conta com o apoio cultural da via net.works

2000
EDITORA ILUMINURAS LTDA.
Rua Oscar Freire, 1233 - CEP 01426-001 - São Paulo - SP - Brasil
Tel.: (0xx11)3068-9433 / Fax: (0xx11)282-5317
E-mail: iluminur@dialdata.com.br
Site: http://www.iluminuras.com.br

ÍNDICE

TEXTO - TORRENTE 7
Vilma Arêas

INTRODUÇÃO 13
Maurício Segall

INSTANTES 17
Jorge Luiz Borges

POEMAS

PRÓLOGO 21
RODA DA POESIA 25
AR, TERRA E MAR 41
PESARES E SOLIDÃO 53
VÊNUS 65
FOLGUEDOS TRAGICÔMICOS 93
EM FAMÍLIA 107
JOGOS DE PALAVRAS 121
TRISTEZAS E INDIGNAÇÕES 133
EROS 181
MEMÓRIA E INTROSPECÇÃO 207
EPÍLOGO 239
POST SCRIPTUM 243

"EU" 247
Meu outro "Eu"

ÍNDICE GERAL 251

TEXTO - TORRENTE

caudal / visco
viço / caudal / dor
Maurício Segall

Em princípio não deveria haver surpresa e sim a compreensão lógica de uma linhagem. Basta-nos pensar na tradição familiar de Maurício Segall. A atuação de Maurício se ajusta, claro, ao sentido que imprimiu à sua vida, esse "ateu praticante" preocupado com a cultura enquanto intervenção e com a questão social, o que o fez pagar, sabemos, um alto preço. Colaborou também em publicações significativas e teve duas peças teatrais premiadas.
Apesar disso, minha surpresa foi grande, a de receber estes textos de Maurício Segall, mais o convite para apresentá-los. A primeira leitura me desnorteou, pois a impressão é de que há neles coisas demais, difíceis de abarcar (conhecendo o autor, como poderia ser diferente?): memória, compaixão, revolta social, tristezas, amor, humor e aflição. Também alegria, principalmente em alguns textos de "Em Família", que não deixam contudo de anotar a melancolia que é de todos nós.

....
lastimo as oportunidades perdidas
choro o amor desencontrado
....

Pois bem, esse material vário e vasto, distribuído em dez blocos, é vazado em formas múltiplas, às vezes misturadas, que vão da anotação prosaica aos jogos de palavras, ao poema-piada, passando pelo haikai, cedendo a certa marca de oralidade, que às vezes dá certo, às vezes desanda etc. Em suma, como ele mesmo diz, "*uma encruzilhada de ruas ao infinito / um cruzamento de becos sem saída*".
Embora fizesse versos desde os dez anos, Manuel Bandeira confessa que sempre que lhe pediam uma definição de poesia,

"embatucava". Mesmo assim, pagando o preço do pedantismo acadêmico, eu tenderia a achar que esses poemas de Maurício antes se aproximam da efusão lírica, no que esta possui de espontaneidade, *naiveté*, e que, mesmo compreendendo a transfiguração da realidade na arte, rejeita qualquer tipo de vigilância formal:

> *Se água pode ser pedra*
> *sol gelo e lua brasa,*
> *a palavra nunca é esquema.*
> ....
> *violentá-la é fazer poema.*

Acrescente-se a isso o sentimento ardoroso, o desejo de intimidade que dispensa cerimônias com assunto e expressão. Obediente a tal impulso, os versos jorram de forma impetuosa, sem dispensar o gosto pela brincadeira, pela auto-ironia, sem rasurar emoções, zombando às vezes da própria literatura.

Nesta clave, em vez do corte, temos a multiplicação, em vez do *menos* o *mais*, em vez da constrição formal, o seu oposto. Como se tudo devesse caber nas páginas e nenhum minuto da vida deixasse de merecer registro, como o traçado de um mapa que recusasse seu espaço próprio e aderisse inteiramente à superfície dos lugares.

Entretanto Maurício também acena com o sentido das impossibilidades, porque sabe que não conseguiria *morder na rede* a borboleta que inutilmente persegue.

Tal impulso excessivo se deve contudo à paixão de viver e não à autocomplacência ou ao propósito de polir auréolas, luzir nas vitrines. Não se trata aqui de um pedante. Quanto a isto o alter-ego Maurício-"Porra", personagem absolutamente não-convencional e algo provocante assumida pelo autor, pode servir de emblema ou testemunha. Assim como a epígrafe de Manoel de Barros explicita seu ideal de poesia, necessariamente democrático e "humilde":

> *Todas as coisas cujos valores podem ser*
> *disputadas no cuspe à distância*
> *servem para a poesia.*

Portanto, não será a teoria da literatura, com o controle de seus pressupostos, o enquadramento que dará sentido a esses versos, e sim, o homem, um homem bom. Seu vigor, força vital, sua integridade, seu *excesso*. Isto significa um trânsito livre e de mão dupla entre ser e texto, sem disfarce ou malícia que os separem. Por exemplo, um dos títulos do volume, *Máscaras*, antes aponta o *lugar* do esconderijo do que o propósito de esconder. Vejamos o texto homônimo:

> *Não é a maquiagem que pinta a máscara.*
> *É o ricto da dor, o olhar da emoção.*
> ....
> *O poeta explora os bastidores da máscara,*
> *mas será que do poema resta algo mais que a ilusão?*

Por isso, agora sem maiores sobressaltos, encontramos no fundo dos textos o romantismo de Maurício, no sentido de adesão a uma subjetividade particular em sua relação com a natureza, compreendida como lugares eleitos pela sensibilidade, paisagens especiais da recordação (*a memória que é só neblina*), favoráveis ao devaneio e à confissão.

Tomamos então conhecimento de certo traçado da cidade, cenário de uma biografia, que cruza o tempo e atravessa seu habitante fisgando esse coração, e às vezes apresentando-se como lugar infeccionado e povoado de fantasmas. A esse respeito vale a pena ler um dos melhores textos do livro, sobre sua pertença *ao solo pátrio de Vila Mariana:*

> *Nasci na Vila Mariana no início do segundo quarto do século*
> *Nos meus setenta e três anos de vida,*
> *cresci e envelheci na Vila Mariana,*
> *acorrentado no Museu Lasar Segall aos fantasmas de meus pais,*
> *e com eles finalmente descansarei*
> *junto aos meus bisavós e avós,*
> *no túmulo cativo do cemitério israelita da Vila Mariana.*

Como a cidade, o ser também é excessivo e contraditório, muitas linhas se cruzam, zonas solares se sucedem a recantos sombrios, embora quase sempre se equilibrem no eixo dos afetos fundamentais.

Assim como as contradições e a degradação da cidade o levam

à militância política (*fui preso num "ponto" na Vila Mariana/ e torturado na Tutóia do Ibirapuera logo ali do outro lado*) dessas mesmas contradições não está livre o homem, e muitos textos dão conta desse esgarçamento. Topamos desse modo com o militante que um belo dia não consegue abandonar o conforto para participar da greve (e ouve o dobre dos *seus* sinos a dizer *solidário solitário*), ou encontramos o compassivo comunista que anseia que se abra o sinal verde do trânsito, a fim de se livrar dos *zumbis infanto-juvenis / no zoológico do asfalto*, os mesmos *"niños" das sarjetas de São Paulo* que

> *violam compreendo devoram*
> *guiam ignoro motivam*
> *enojam amo matam.*

A esse respeito um poema do bloco "Memória e Introspecção" pode servir de resumo aos dilaceramentos

> ....
> *para que eu,*
> *judeu ateu burguês capitalista comunista branco divorciado /*
> *brasileiro reservista possa algum dia voltar a*
> *pertencer.*
> ....
> *Ser ateu porém judeu*
> *ser judeu mas não hebreu*
> *Eis a questão!*

Mas o romantismo de Maurício pode também ser interpretado no sentido consensual de sentimento que ao mesmo tempo atormenta e faz levitar o coração dos seres moços, um coração *infantilmente desalienado*, como ele próprio deseja. Pois nosso autor, embora confesse que *soou o sino dos setenta*, é um jovem na exposição dos sentimentos, nessa auto-exposição traçada com ironia risonha no diálogo dos "Eus", na confiança e entrega ao leitor. A memória do que passou, a paixão política, a crítica social se entrelaçam com o entusiasmo e a ternura, diria mesmo inocência, até nas composições mais ousadamente eróticas, inspiradas pelo "lirismo da carne" e pelo sentimento, o que o faz desejar voar para perto da amada *no passadiço do mar*.

Tenho interesse por certos textos irritados, propositadamente colados ao lugar-comum e rabiscados a carvão no muro como grafites:

> *Só o lixão da vida*
> *inclui o excluído*
> *a seleção do lixo*
>
> *beneficia a produção*
> *consegue inflar*
> *o ininflável - a exclusão.*

Mas prefiro as composições de travessuras e provocação brincalhona, tanto quanto à literatura:

> *Tenho editor!*
> *Portanto existo!*

Como em relação ao amor, quando saborear a amada é a máximo de *gourmandise*, ou pensar nela na cadeira do dentista é o máximo de sentimento amoroso, ou outros textos vertidos em linguagem casual:

> *Fama tinha de mulher dama.*
> *Levei-a para meu sofá-cama, etc*

Ou quando uma voz trocista vem travestida de crítica de costumes:

> *Vi na TV Globo*
> *que a modelo usa proteção tripla*
> *nos seus dias de incômodo.*
> *Afirma que é macio e não faz cócegas.*
> *Tapeação!*
> *Manequim asséptico não tem menstruação.*

Ou os trechos que dispensam retóricas, que não se furtam a uma espécie de linguagem arruaceira, como os "nomes contentes" das aguardentes enfileiradas na louvação à cachaça:

> *Murici*
> *Beliscada*
> *Sapucaia*

Parati
Catuaba
Lua Cheia
Coqueiro
Olho d'água, etc.

Travessura e desordem? Sim, temos que nos consolar. Mas o grande Brecht dizia que existe a ordem quando não há mais nada. Outros afirmam que tudo o que fazemos neste mundo é para sermos amados. Maurício interpreta sem afetação essas motivações complicadas:

> *Só procurei transmitir*
> *aquilo que minha vista,*
> *míope ou hipertrófica,*
> *honestamente avista.*

*Vilma Arêas**
nov. 1999

---

*) Professora de Literatura Brasileira da Unicamp e autora de *A 3ª perna* e *Na tapera de Santa Cruz*.

INTRODUÇÃO

Os 150 poemas deste livro foram selecionados dentre os aproximadamente 250 que escrevi nestes pouco mais de 20 anos, desde minha primeira incursão no universo poético, em 1978, e que acabaram cobrindo quase tudo que boliu comigo neste período.

Para este livro, preferi não ordenar os poemas cronologicamente, pois senti que seria mais compreensível e acessível agrupá-los em alguns blocos temáticos-genéricos, sem amarrá-los porém em classes rígidas. Mesmo dentro de cada bloco não respeitei a cronologia procurando, pretensiosamente, compor mais uma partitura musical do que escrever um tratado histórico. Os poemas, que caberiam em mais de um bloco, foram localizados mais por bom senso que pela lógica. O primeiro bloco — Roda de poesia — agrupa poemas sem vínculos entre si mas que, a meu ver, não caberiam em nenhum dos nove blocos restantes e, assim, pode ser considerado uma espécie de introdução poética.

Devido a tudo isso, resultou uma espécie de colcha de retalhos, ou melhor, por se tratar de papéis e não tecidos, uma "Colagem de retalhos".

O paciente professor e orientador deste meu acúmulo poético foi Gilson Rampazzo que conseguiu, entre outras coisas, que eu, com o tempo, dosasse melhor minha inicial propensão para a hipertrofia do uso do adjetivo, e que enveredasse mais pelo caminho da síntese e do uso das imagens ao invés da minha tendência para a prolixidade e para o discursivo. Sua crítica, orientação e boa vontade foram fatores fundamentais nos possíveis méritos de meus poemas. O mesmo ocorre com a dedicação de Áurea Rampazzo no acompanhamento crítico da minha lavra poética, sobretudo nos últimos anos. Se não fosse o constante incentivo destes dois amigos, este livro certamente não veria a luz do dia. O que só se deu quando eles venceram minha resistência e me convenceram que, apesar de certamente eu não ser o melhor poeta do mundo, também não era o pior, e que meu universo poético, por ser singular, merecia esta minha falta de modéstia ao tentar sua publicação. A ambos meus mais calorosos agradecimentos.

A Berta Waldman, agradeço a extrema boa vontade e sua sabedoria e sensibilidade literária, que me abriram os olhos e me levaram a rever e retrabalhar a maioria dos meus poemas, sobretudo após sua advertência de que o não dito pode ser tão ou mais importante do que o dito no poema.

Ainda dentro desse espírito resolvi sob minha exclusiva responsabilidade quebrar algumas regras da lógica editorial vigente, com os devidos agradecimentos pela compreensão do meu editor.

Assim, em primeiro lugar, não capeei os poemas com seus títulos, por achar que o corpo do poema deve falar por si só e que os títulos arriscam induzir no leitor, *a priori* e *grosso modo*, a intenção do autor. Em segundo lugar, coloquei-os num índice geral de poemas precedidos do seu 1º verso no fim do livro para os leitores que desejarem explicitar melhor minhas intenções.

Uma das lições decisivas que aprendi com todos estes mentores é que, dificilmente, um poema está acabado. É preciso, portanto, exercer a autodisciplina e, num processo contínuo, tentar sempre melhorar o "já pronto". Como se fossem duas linhas paralelas que vão se aproximando mas que, teoricamente, só se encontram no infinito, ou seja, nunca. Mesmo a publicação de um poema não deve interromper essa tarefa. Eu, por exemplo, provavelmente ainda modificarei alguns dos poemas deste livro depois de sua impressão. Aliás, preservei a genese dos meus poemas, desde a primeira versão (às vezes num pedacinho de papel) passando pelas sucessivas alterações (por vezes numerosas) o que possibilita, se alguém o desejar, trabalhar a crítica genética da minha poesia.

Ensinaram-me que, como nas demais atividades criativas do ser humano, o trabalho regular e persistente é uma das condições *sine qua non* da boa qualidade artística. Poesia que só é boa se, através das palavras e sua "música", as idéias e emoções do poeta transcenderem seu estrito âmbito pessoal e, com isso, ambiciosamente, motivem no leitor o exercício do binômio dialético tão anseado do sentir e do pensar, nunca, portanto, se limitando à complascência da autoterapia. É como se os "estados de espírito" tentassem se libertar da couraça de uma só pessoa, voando para fora, e pousassem no ombro de outros semelhantes, ou, nas palavras de Walt Whitman, viajando no trajeto entre "realidade e alma".

Fiz o possível para ser um bom aluno, apesar de minha propensão para a preguiça e vagabundagem. Se isso não resultou em meus poemas, fracassei, e isso, por minha exclusiva responsabilidade e falta de talento, já que orientação sábia e amiga nunca me faltou.

Dedico este livro a meus queridos filhos e netos para que saibam, e/ou venham a saber, que o pai e avô não é, e/ou não era, tão racional e pouco sensível e emotivo como se apregoa por aí. É por isso também que os poemas dedicados ao nascimento dos meus netos, Pedro, João, Joaquim, Fernando, Olívia e Francisco, mesmo que talvez não da melhor qualidade poética, mas cheios de sentimentos, foram incluídos neste livro.

E, por último mas não menos importante, dedico amorosamente este livro às poucas maravilhosas mulheres cuja vida tive a sorte de cruzar e compartilhar, mas que perturbei com meu amor, e que são, inclusive, as musas de diversos poemas desta coletânea. Espero que para elas, pelo menos, se para ninguém mais, transcendam.

Finalmente, meus agradecimentos a Vilma Arêas pela cuidadosa e honesta, porém benevolente, introdução crítica a meus poemas e, a Gilson Rampazzo, mais uma vez, pelas generosas palavras na orelha deste livro.

Maurício Segall

INSTANTES

Jorge Luiz Borges

Se eu pudesse viver novamente a minha vida, na próxima trataria de cometer mais erros.
Não tentaria ser tão perfeito, relaxaria mais.
Seria mais tolo ainda do que tenho sido, na verdade bem poucas coisas levaria a sério.
Seria menos higiênico.
Correria mais riscos, viajaria mais, contemplaria mais entardeceres, subiria mais montanhas, nadaria mais rios.
Iria a mais lugares onde nunca fui, tomaria mais sorvete e menos lentilha, teria mais problemas reais e menos problemas imaginários.
Eu fui uma dessas pessoas que viveu sensata e produtivamente cada minuto da sua vida; claro que tive momentos de alegria.
Mas, se pudesse voltar a viver, trataria de ter somente bons momentos.
Porque, se não sabem, disso é feita a vida, só de momentos, não percas o agora.
Eu era um desses que nunca ia a parte alguma sem um termômetro, uma bolsa de água quente, um guarda-chuva e um pára-quedas; se voltasse a viver, viajaria mais leve.
Se eu pudesse voltar a viver, começaria a andar descalço no começo da primavera e continuaria assim até o fim do outono.
Daria mais voltas na minha rua, contemplaria mais amanheceres e brincaria com mais crianças, se tivesse outra vez uma vida pela frente.
Mas, já viram, tenho 85 anos e sei que estou morrendo.

POEMAS

"Todas as coisas cujos valores podem ser disputados no cuspe a distância servem para poesia".

Manoel de Barros
Matéria de Poeta

PRÓLOGO

Sabia você que já aos 24 anos de idade Castro Alves via o fim de seus dias?

E você sabia que só aos 53 anos de vida, Maurício Segall começava a escrever poesia?

RODA DA POESIA

A feição é máscara de nossos abismos,
mascarar o desconhecido é condição de equilíbrio.
Não é a maquiagem que pinta a máscara,
é o ricto da dor, o olhar da emoção,
são as rugas e olheiras imemoriais,
como a lava maquiando o vulcão.
O poeta explora os bastidores da máscara,
mas será que do poema resta algo mais que a ilusão?

Se água pode ser pedra,
sol gelo e lua brasa,
a palavra nunca é esquema.

Imaginá-la é folguedo,
movimentá-la é dar sopro,
violentá-la é fazer poema.

Poema poeira da poesia
poeta porteiro da essência
síntese imagem ritmo melodia.

Quando as lágrimas irrigam a lama
quando o amor é pretérito perfeito
quando a seca eterniza a fome
e a vida se iguala à morte

não adianta mendigar aos céus

"Ele" não modelou o Homem
as gentes é que esculpiram Deus.

Gozar a vida é preciso
dizia o pirata da perna de pau;
e morreu pobre, desprezado,
esverdeado no fundo macio do mar.

Matar e roubar gozando
dizia o pirata sem pernas e mau;
e morreu gargalhando adoidado,
embriagado na mesa suja do bar.

Matar e roubar é a vida
dizia o pirata das pernas a meia nau;
e morreu velho, rico, respeitado,
maquiado na cama fofa do solar.

Quando o olhar
                sem foco
atravessa teu corpo

o sussurro
                em off
silencia tua palavra

quando o gesto
                ao descaso
enterra tua idéia

a idéia
                ao acaso
emudece teu gesto

quando a cordialidade
                da máscara
ignora tua presença

e apenas o gelo
                da nuca
espelha teu semblante

és uma entidade
                fantasma
que está aí mas não existe.

Bastará a força
                de um infante
para carregar teu ataúde.

Poesia é feminino
poema não o é
quisera mais poesia
no universo do meu verso.

Mulher é feminino
macho não o é
quisera mais feminilidade
na minha vida masculina.

Ternura é feminino
masculino não o é
quisera mais doçura
no dia-a-dia com minha amiga.

Vida é feminino
morte também o é
vida só é vida
junto ao ventre de uma mulher.

Poesie est feminin
poême ne c'est pas
j'aimerais plus de poesie
dans l'universe de mes vers.

Femme est feminin
mâle ne c'est pas
j'aimerais plus de feminilité
dans ma vie masculine.

Tendresse est feminin
masculin ne l'est pas
j'aimerais plus de douceur
au jour a jour avec mon amour.

Vie est feminin
la mort l'est aussi
vie est seulement vie
auprès du ventre d'une femme
[aimé.

Você pensa que cachaça é cana
cachaça não é cana não
cachaça vem do alambique
cana vem da terra-chão.

Água quente
água fervente
aguardentes
até no nome contentes

Murici	Flor de Minas	Apolonia	Senzala	Cabeludinha
Beliscada	Casa Grande	Ypióca	Arriba Saia	Chave de ouro
Sapucaia	Bom Sucesso	Januária	Jaguari	Alencarina
Parati	Bituri	Caranguejo	Gato preto	Luizense
Catuaba	Nega Fulô	Seleta	Moutinho	Colonial
Lua Cheia	Vieira	Serra Grande	Berro d'água	Morican
Coqueiro	Barro Preto	Jequiti	Cariri	e, pasmem,
Olho d'água	Sapupaia	Cabreúva	Fuzarca	Segall

A Cana fermenta
e semeia a garapa etílica
o álcool destila
o mé do idílio.

Do alambique ao tonel
a caninha pinga nas papilas
branca creme ou caramelo
43 por cento da seca ao mel.

Irmãos da opa de Baco
uni-vos no botequim
um gole pro Santo
mil goles pra mim.

Posição Sentido!
Respeito à essência,
a caipirinha é nossa bandeira
a batida é hino nacional.

A saliva é branquinha,
a língua, bife-rolê.
A palavra tateia
o discurso cambaleia
cachaça virá chacaça
chove chiste e chacota.

Estou Robinson Crusoé no estádio
mas Sábado acena no horizonte.

A distância mais curta entre dois pontos
é a curva que serpenteia
caminho nela fora de prumo
no deserto onde a garrafa dita o rumo.

Ao invés de LSD, viajo
no tobogã e trem fantasma,
no balão e na Roda-Gigante.
No módulo espacial, descanso.

A Valsinha vira batuque
e o fox trot, rock and roll.

Ballanchine vira Baush
Piero, Picasso
Castro Alves, Cunningham
Bergman, Buñuel
Bach, Boulez.

Estou de bem com a vida,
por que não encontro minha cama?

O carinho gruda
o beijo lambuza
o abraço é de urso
amo como em Hollywood.
Choro de graça
rio com a morte
canto e bailo
sobre os cálices quebrados

rodo como Saci-Pererê
na dança de São Vito
esvazio mais um copo
e soco o vazio
soluço, xingo e gargalho
no Play Center em domicílio.

A entrada foi risonha e franca,
na saída pago o preço.

Tudo pode ocorrer
                    ao dobrar a esquina.
Uma alvorada e poente em flamas,
um nascente e crepúsculo em prantos,
uma encruzilhada de ruas ao infinito,
um cruzamento de becos sem saída,
um sinal vermelho para a mata,
um sinal verde para o deserto
um sinal amarelo testando a rotina,
um sinal quebrado abrindo a porta.
            A buzina na esquina
            não anuncia a sina
            mas sinaliza a chance
            que pode estar fora do alcance.

O que seria a vida sem a morte?

Vida e morte são verdades que não brigam que só se espreitam no dia-a-dia.

A morte não seria sem a vida.

Os raios da lua cheia
flecham a crista das ondas
a fosforescência da espuma
penetra a retina
projeta no fundo do olho
uma redoma de fogos de artifícios
e um arco-íris de mil cores
em imagens que transcendem
a realidade chapada.

AR, TERRA E MAR

Na ponte de comando
da nave que singra as vagas
como a noz que flutua na corrente
a vista comanda a linha do horizonte
avistada no infinito
pelo navegante de todas as eras
que no convés ou tombadilho
tal escultura de pedra
prescruta sem piscar
e migra do longe para o perto
para imergir do fora para o dentro
na hipnose do encontro do céu e mar

a coragem preparada para o mergulho
na cachoeira do fim do mundo plano
como a flechada da gaivota para o fundo
do oceano turvo de um mundo curvo
sonhando sempre com os mistérios e perigos
da descoberta de algum novo porto

portal de horizontes mais profundos.

Prados de mil cores
colchas para reclinar
filtrar as dores

Brotos, flores e folhas
como borbulhas ao vento
flutuando na bruma

O orvalho rega
as pérolas da rosa
que pranteiam chumbo

O cravo brigou
e despetalou a rosa
escorreu sangria

Primeira no cravo
outra na flor de rua
perdição de amores.

Uma violeteira
cobrindo o caixão de zinco
violenta o tempo.

(6 HAIKAIS)

Crepúsculo, hora mágica...

Poeira nos sulcos da terra,
arado encostado,
latidos ao longe,
um mugido atrasado;
nuvens
trigo
pingos
aveia
corvos
centeio
espantalho
quietude

Raio, clarão na janela do casebre,
trovão, rufar no teto do alpendre,
chuva, lama nos sulcos da terra,
lenha, crepitar na lareira.

Paz
tormenta

tormento
paz.

Quando o mar ondula
a linha do horizonte oscila
tal qual cobra d'água
que serpenteia no alagado.

O mar alto
quando baixa
é prenúncio de salto
antes de novo mergulho.

Na crista da onda
a vista alcança
o horizonte de espuma
que asperge as nuvens.

No leito do vale
a vista estanca
no muro de água
que inunda o fundo.

Como o peão no rodeio
a cavalo marinho
o marinheiro e o barco
corcoveiam feito doidos.

É assim que o mar baderna,
quando mareia,
o equilíbrio instável
do lago materno.

(Água, tanto bate até que fura)

O mar hipnotiza
pela sua teimosia
mais forte que
as falésias de Dover
mais fraco que
os castelos de areia.
Bravo ou calmo
é previsível.

Como é cinza o arco-íris na montanha.

O cinza branco da neblina e o silêncio solidificante do vazio
o cinza cinzento do chuvisco e o silêncio sibilante dos pingos
o cinza azulado das nuvens e o silêncio uivante dos ventos
o cinza esverdeado do rio e o silêncio marulhante das vagas
o cinza chumbo da tempestade e o silêncio relampejante dos trovões
o cinza preto do anoitecer e o silêncio redundante do coaxar dos sapos.

Silêncio cósmico, vasto fechamento.

Só resta olhar para dentro!

A pele está sedenta de vento
como é triste a calmaria.

A brisa prenuncia ventos
desperta mil miragens.

Eolo sopra as fúrias da ventania
estimula tremores na pele.

A força dos elementos
dobra mas não quebra o bambu.

Ao vento as palavras adquirem sabedoria
sussurram e berram idéias de transformação.

A garoa é minimalista
hipnotiza e ameniza a tensão

O véu de gotículas
filtra a iluminação

A cortina de gotas
magnifica a introspecção.

A chuva assenta a poeira
sedimenta a agitação.

Quanto mais molhada a calma
mais serena a meditação.

Na ressaca do mar
o pescador de sempre
na canoa embarcou
na canoa bamboleou
na canoa remou
na canoa pescou
a canoa corcoveou
a canoa emborcou
a canoa virou
a canoa afundou
a canoa afogou
no fundo do mar
o pescador para sempre

a praia chorou.

PESARES E SOLIDÃO

> Thomaz pensou: "Deitar com uma mulher e dormir com ela eis duas paixões não somente diferentes mas quase contraditórias. O amor não se manifesta pelo desejo de fazer amor (este desejo se aplicará a uma série memorável de mulheres) mas pelo desejo de sono compartilhado — este desejo diz respeito a uma só mulher".
>
> (Milan Kundera,
> *A insustentável leveza do ser*)

Gostaria de chegar ao século vinte e um
cavalgando um rojão de velas
acompanhado da minha fada
aureolada por uma chuva de estrelas.

Por isto é que é tão, tão triste,
meu braço desnudo, já com a lua desligada,
explorar todo o universo
e encontrar somente o frio da alvorada.

"Com quem despertar na manhã seguinte?",
eis a angústia que me testa,
pois não sei se paga a pena
afrontar, gelado, o resto de vida que ainda resta.

No calçadão da Rue du Mont Blanc
minha solidão se defrontou
com a moça da sanfona,
da flauta transversa
e da voz acre-doce.

Enfrentou o burburinho
contraltou Weill
beijou Bach
pontilhou Ferré
e sorriu, sorriu, sorriu...

Joguei a moeda
na boina apache,
um caroço empacou
na laringe.

Virei para a vitrina.
Não quis propagandear
as lágrimas do desamor.

Estar só!

Tatear no escuro

brincar de cabra-cega

gelar ao sol

queimar à lua

trilhar seara sem horizonte

aspirar (ao) pó!

"Pas de deux" do desacordo.
Pás de cal pasteurizam o parceiro
pés de pedra petrificam a permanência
pi's do círculo pivotam em pirâmide
pos de ontem postergam o poente
pus da dúvida purga a pulcritude.
"Pas d'un" do desencontro.

Descalço e nu,
na escuridão de cada madrugada,
quando meus olhos em água
nem conseguem enxergar a caminhada,

do quarto à sala,
da sala ao quarto,

tropeço minha maratona,
treinando não sei por que
nem para que medalha,
só pensando chegar à alvorada.

Às 6 horas acordo vazio
na minha cama vazia
vasculho o jornal vazio
pedalo sobre pneus vazios
são 8 horas e tenho que sair da casa vazia
para enfrentar o dia vazio
às 14 horas após a sesta vazia
obrigo-me a voltar ao escritório vazio
já são 6 horas da tarde vazia
preciso tornar pelas avenidas plenas
a meu apartamento vazio
às 9 horas da noite vazia
não agüento mais a sala vazia
mas minha coragem está vazia
para afrontar a cidade que treme
e retornar a casa vazia
as jarras anoitecem vazias
felizmente o copo ainda está pleno
mas minha vida continua vazia
leio o livro vazio
deito no leito vazio
a tv é vazia
às 10 horas apago as lâmpadas vazias
a insônia é vazia
o sono é vazio
o coração está vazio
os sonhos são vazios
o futuro está vazio
eu estou vazio
não tenho mais fantasias
nem de noite nem de dia.
Como apagar este vazio
para a rotina ficar menos fria?
Eis o desafio... que temo!

Por que não soube
ser mais Eu e menos Ego
cultivar menos a imagem
equilibrar modéstia e vaidade
enxergar sem fingir de cego
verter lágrimas de sal
afinar a tensão dos nervos
na paciência com as diferenças
tolerar outros pendores e sabores
indignar-me mais com os fedores
arriscando a raiva do conflito
transgredir a boa norma
respeitar pouco o relógio
despertar mais para o pulsar do mundo
como urso, abraçar a vida
assentar menos tijolos
decifrar novas enciclopédias
digerir Joyce
arpejar Schubert
colocar a mão no fogo
a cabeça na estratosfera
embarcar mais na Odisséia
do que combater em Tróia
mais Quixote com sua lança
menos Pança em seu jegue
explorar novos horizontes
lá onde o vento dobra a esquina
chafurdar com as bolas de gude
com as pipas mergulhar nas nuvens
rodar com o pião
em São João empinar balão
ferver no Alaska
gelar na Amazônia
saltar do Himalaya
nadar no Sena

semear amigos
no horto da bohemia
saborear o suco todo
do perfume das mulheres
agarrar com os dentes
os afetos e amores
na entrega à paixão
chegar à harmonia
aquecer o fraterno morno
no braseiro da amizade
construir com os filhos
castelos de areia
com os netos
viajar à lua
divagar com mãe e pai
ao pé das chamas da lareira
com o choro da compaixão
fazer o café do dia-a-dia
ouvir mais quando escuto
para poder dizer doçuras
dosar o peso da idade
para bailar a roda da vida
escrever poemas no poente
com menos rima e mais cacofonias.

Sou todo do samba
porque então não caminho
sobre a corda bamba?

O uivar do vento
o gemer do sofrimento
libertam ou prendem?

Pólen amerissa
na concha de vazia
sempre brota rima?

(3 HAIKAIS)

VÊNUS

Como tem sido cruel
tua imagem fugidia
tal qual navio de Turner
nas brumas de fim de dia
que entrevi na posse instantânea
quando o amor é só visão arredia
torturando minha saudade imensa
ao despertar na madrugada fria.

Como Diana,
luz diáfana,
halo sereno.

Após as tempestades
nos mares anglos,
poente nos portos
seguros de Turner.

Oásis da caravana
de Diana.

Cada corte de uma fatia
da essência amoroso/erótico/afetiva
é sempre o doloroso início
do término de nossa vinda.

É cedo demais para o começo
do fim das células vivas,
que clamam no corpo
pelo êxtase que nunca finda.

Paris, onde está
a luz da tua cidade?
Sem Diana és escura,
falta magia e claridade.

Anseio que o colar
que resgatei do Sena,
orne teu peito
para que eu me sinta em casa.

Amor descoberto,
amor posto!
Perder esta coroa,
prenúncio da morte.

Perder Diana

perder o prumo

perda de rumo

perder norte e leste

sul e oeste

perda das estrelas, sol e lua

suportar a aridez da vida

no deserto de Atacama.

Perdi Diana!

Como repor bússola e sextante

e consertar o velho leme?

Caminho na praia/
	selva
as estrelas testemunhas
berro/brado o nome dela
como Neptuno
soprando as velas
do barroco/
	caravela
navegando ao porto (in)seguro
do arquipélago da ilha/
	bela.

Tua memória povoa minha cidade.
Mas quando meu corpo tensiona,
minha garganta resseca e meus olhos lacrimejam,
não sei se é por causa da densidade
da poluição por lembrança quadrada,
ou porque uma metrópole recheada de fantasmas
pode se tornar irrespirável.

A flor é amarela
o sofá não é.
A cor dos cabelos dela
sentada no sofá
olhando a janela
— ainda convalescente de sua vontade férrea —
aureola um instante de recolhimento
e uma angústia que parece eterna.
Se fosse passarinho voaria
para a copa que flameja
mas como existe entre ambos tela etérea
ela fica presa no sofá da sala de espera.
O amarelo é cor primária
e a flor só brota na primavera;
nas outras estações o que hoje parece simples,
visto através do filtro da janela,
pode tornar-se complicado
como a prisão do sofá da sala térrea
(confuso, como achar que também o cárcere libera).
Por ora é alvorada e a flor não cai;
a aparente simplicidade dela
ofusca o que é rico
na complexidade das diversas eras.
É tão doloroso sentar no sofá
sem tentar romper a tela
quanto preencher a moringa vazia
com seu néctar sabor canela.
Fico torcendo para ela voar
e soldar seus cabelos loiros às flores amarelas;
quero ajudar-me e ajudá-la mas não sei como;
fazê-lo pode me levar a perdê-la
mas desejo por vezes que ela permaneça sentada
onde me é vedado ser amparado e ampará-la.
Abrir mão dela no sofá da sala
pode no entanto significar ganhá-la
na praça da árvore das flores
amarelas.

Asfixiado pela aridez em pleno oásis,
fujo no Concorde
para os desertos do mundo.

Prefiro brincar com os duendes do Saara
a dançar com o fantasma da minha amada.

Quando a lua, recheada de papel machê,
inaugurou, com muita pompa e demagogia,
mais uma avenida esburacada
no oceano de prata e piche,
minha estátua de barro
sentada no farelo da praia,
verteu lágrimas de cachaça
por não ter compartilhado contigo
             a terra e o húmus
             o mar e o mel
             a areia e o trigo
             o ar e o sal.

Jamais conversei tanto
como agora com você
no meu telefone surdo.

Ao sonhar durante o dia
ao adormecer e acordar durante a noite
ao amanhecer na madrugada fria
olho e olho para o telefone no criado-mudo.

O coração palpitante e a boca seca
na esperança de que algo mude
dialogo, dialogo com o telefone
num monólogo surdo-mudo.

Mas você não muda
e o telefone permanece surdo.

A névoa
nas duas velas
que iluminam o rosto dela
veda a devassa no

    velejar nos trópicos
    pulsar do diamante
    valsa em Viena
    êxtase dos Veda
    pássaro na gaiola
    velódromo de motos
    surpresa de leopardo
    folhas de parreira
    sorvedouro de poços
    e raios na janela.

Tanto velas
que te encerras
na cela para sempre,
ventríloqua do tempo.

Rompe a tela
sela teu compromisso
de mulher esbelta e bela
arrisca-te com Dédalo
dá asas a tuas metas
e realiza teu vôo-delta.

Com um dedilhar ao violão,
você remexeu com minha vida.
Eu era uma corda hipertesa,
faltavam teus dedos no diapasão.

Na corda recheada de tensão
os toques eram mui delicados,
porém as notas flutuavam sós
e_a melodia não nascia não.

Os dedos tamborilavam em vão.
O alaúde silenciou a voz
e_o instrumento não achou a mão.

Sem música, viver é solidão.
Artelhos se transformam em garras
e_a corda se transmuda_em vergalhão.

O sabor gostoso de sutis olores,
tessitura jeitosa de mil cores,
no frescor saudoso de tuas flores,
mensageiras vaporosas de novos amores.

Na praia de Massaguaçu
o jundu é começo e fim
onde areia e erva
se fundem no mundo
fecundo da antecipação
do sereno na Fortaleza
  com tamborins da chuva
  cuíca das rãs
  apito dos grilos
  bumbo das ondas.
Agita batuque do Pulso.

Inesperadamente lento
um momento
entre um sorriso ameno
e o olhar atento

franzir do cenho
mordiscar do beiço
sopro no cabelo
regendo o vento

olho cristal do olho
boca trigo da boca
lábio néctar do lábio
levitar, quase um lamento

limiar do arfar-
devaneio de um delírio
ou magia do monólogo
com a fantasia do alento?

Do tormento, do langor
retornas ao tédio do momento
entre um sorriso ameno
e o olhar atento;

curioso, paciente,
mudo indago, contemplo;
neste segundo e século
separa-nos a mesa do tempo.

Velas
velozes
deslizam
no mar;

ligeiros
albatrozes
planam
no ar;

no crepúsculo
a osmose
do sol
ao luar;

amorosas
poses
numa praia
ao azar;

estreladas
apoteoses
no improvisado
lar;

amplas
doses
de receber
e dar;

sussurros
e vozes
no ato
de amar.

Saudades
atrozes
no devaneio
ao sonhar.

> "Verde que te quiero verde.
> Bajo la luna gitana,
> las cosas la estan mirando
> y ella no puede mirarlas."
>
> *Frederico Garcia Lorca*

Vera, se vero,
verdade que te quero
"verde que te quiero verde",
                      e vermelha;
verbete de amor.

Velame ao vento,
veloz como o tempo,
verte a vereda,
                para oeste;
veraneio de ardor.

Venusta, veste véu
no vértice do baixo ventre,
veda a nascente
                de orvalho;
ventura na dor.

Vera, severa,
deveras?
          Devoro!

You got under my skin
a parchment as thin
as a leaf of steel
blocking your issue
in spite of all my will.

       Você habita minha pele
       pergaminho tão fino
       como uma folha de aço
       bloqueando sua saída
       apesar de tudo que faço.

Je t'ai dans ma peau
parchmin aussi fin
qu'une feuille d'acier
qui bloque ta sortie
en depit de toute ma volontè.

Querida Gaivota Maria,
bem-vinda de volta ao lar.

O aroma que exalas
vem direto do ar
perfumado da noite
de pleno luar,
quando eu, tão sozinho,
só pensava em voar
para perto de ti
no passadiço do mar.

Que angústia doida
na saudade estrelar;
enquanto aguardo ansioso,
só me resta sonhar.

Dizem os navegantes
que atrás do horizonte
só existe o fim do mundo

Afirmam os despachantes
que a moradia da alma
é inferno ou paraíso

Que bem e mal
são conhecidos
onde o pecado é apelido

Mas que o sacro
rege tudo que existe
em nosso destino

Mas em nós algo indizível
sempre procura ansiosamente
para além daquilo que parimos

A miragem me chama
como o ímã chama o ferro
para fora de mim mesmo

Alegam alguns semelhantes
que além do horizonte
só está o divino

Que o eterno
atrás do horizonte
é prêmio ou castigo

Que os terrenos
agem com livre-arbítrio
na escolha dos caminhos

Nesta contradição
entre o sagrado e profano
não cabe solução possível

Olho pela janela
e fico aflito
com o mar de Caravelas

É algo que procura alcançar
os limites do universo
ou o centro da nossa terra

Sabendo sempre
que é possível atingir não mais
que as nuvens ou o fundo das cavernas

                    O certo é que apenas são visíveis
                           nossos pés de barro
O que então é o invisível
                           que nos ligam ao solo
que atormenta o sono
e angustia a vida
                           Este anseio ao acesso
                         logo ali ao dobrar a esquina
                       mas que parece inacessível
O que é este sensível
para além da nossa vista
que soa imperdível
                         Esta obstinação de alcançar
                           o que está fora de nós
                             e que nos tortura
Como a luz de vela
que hipnotiza o besouro
e o atrai com seu magneto
                    Porque este atrás do horizonte
                   que por nós clama ou nos repele
             não seria o amor que também é pedra?

Me sinto como o grão roliço
descartado no meio do percurso
rolando ladeira abaixo
até estancar no fundo
rodopiando em torno de si mesmo.

Venha
    cá
        ver
            na
caverna de Ali Babá
a ladra de mais de quarenta corações,
a resplandecência de mil e uma escuridões,
os pirilampos nas estalactites,
os vagalumes nas estalagmites
as noctilucas nas águas luminescentes.

A espeleóloga de plantão
não parece capaz de impedir
que a predação do bem-querer
reduza a fosforescência a pó.

FOLGUEDOS TRAGICÔMICOS

Tenho editor!
Ergo existo!

As maçãs são todas igualmente coloridas.
A maçã violeta de Van Gogh
não é a maçã laranja de Gauguin.
Por que as verdades brigam?

Digira-se esta maçã!

Hoje não é dia de casamento nem de noivado
não é aniversário nem batizado;
não é dia da criança ou do adulto,
do vagabundo nem dia de qualquer outro vulto,
ou do político, do demagogo ou do economista,
do milico, do assassino nem do vigarista,
do psicólogo, do confessor ou do analista,
do professor, do médico ou do artista,
do trombadinha, do ministro nem do trombadão,
do banqueiro, do cáften ou do patrão,
do bancário, do comerciário nem do metroviário,
do operário, do secretário, nem do funcionário;
não é dia da puta ou da doméstica,
da mãe, do neto, nem da namorada,
do pai, da avó ou da filharada;
... é domingo e o Shopping está fechado.

Vi na TV Globo
que a modelo usa proteção tripla
nos seus dias de incômodo.
Afirma que é macio e não faz cócegas.
Tapeação!
Manequim asséptico não tem menstruação.

A mulher dos cãezinhos da rua Pombal
vivia sozinha com seus caninos;

a mulher dos cachorros da rua Pombal
amava bem seus cãezinhos;

a mulher dos caninos da rua Pombal
cheirava como seus cachorros;

a dona do canil Pombal
comia com(o) seus cachorrinhos;

a dona do canil Pombal
lambia com(o) seus caninos;

a dona do canil Pombal
latia com(o) seus cãezinhos.

Uma vez por ano, sempre em dezembro,
meu afeto visitava a tia da rua Pombal
levando rações natalinas, uma nova focinheira
e o dicionário felino.

Por que te prestar
à bola de futebol ou ping-pong

se podes ser
balão de São João.

HOTEL FORTALEZA TAMBAÚ!
Rochedo da Riqueza
no meio do Pantanal da Pobreza!

Tudo considerado e bem pensado,
vai tomar... água de coco no rabo de Belzebu!

Saborear a bem-amada
não tem nada a ver
com deglutir uma saborosa alcatra malpassada.

Não obstante,
tal qual o repasto do Olimpo,
é o máximo de gourmandise!

Amorosamente pensar na mulher querida
com a boca doída escancarada
deitado na cadeira do dentista
é prova maior de amor.

Adoro sempre repetir o sonho apaixonado
de apertar nas minhas mãos tuas falanges alongadas
de admirar tua mandíbula delicada
de beijar teu maxilar avermelhado
de tirar peça por peça tua pele dourada
para "chegar" gostoso na tua ossada desnudada
de brincar com tuas vértebras arestadas
de beijocar tua espádua reclinada
acariciar teu omoplata aplainado
afagar tua clavícula recurvada
massagear teu crânio aloirado
abraçar teu tórax arredondado
aspirar tuas costelas aleitadas
bolinar teu fêmur aveludado
"tocar" suavemente tua bacia tão acetinada
agarrar firme teu cóccix perfumado
penetrar fundo teu púbis umidificado
gozar entre teus úmerus apertado
repousar sobre tua ossatura ondulada
acordar levando tibiadas de madrugada
e "chegas-pra-lá" do teu ilíaco afiado
e de readormecer amorosamente na tua coluna abraçado.

E se a noite for por demais gelada
para evitar acordar com o chocalho de teus ossinhos tremelicados
ligarei o ar quente condicionado
ou te cobrirei apenas com um cobertor bem transluzado
para não perder um só segundo maravilhado
da tua visão ossuda tão desejada.

Não há esqueleto feminino em todo nosso planetário
mais apetitoso, mais excitante, mais formoso, mais cobiçado,
do que este arcabouço de ossos muito adorados
da minha querida tão docemente calcificada
        do teu Maurício pleno de hematomas, mas extasiado.

Post-scriptum — Se quiseres no Natal me dar um presente adequado, compre-me um aparelho de Raio X o mais [aperfeiçoado.

Trinou o sino
do cio da carniça
pinga caipira
e o fio da lâmina
no pico do estilete
fatia picanha
costela de ripa
bife de tira
a moenda tritura
o rito rodízio
a saliva escorre sangria
a pele destila cachaça
o ricto é antropofagia
a fisionomia é apoplexia

o sacio tardia
na finitude do dia
e mata... só a gula?

EM FAMÍLIA

Pedregulhos frios na lápide quente,
lágrimas ferventes no mármore gelado,
lastimo as oportunidades perdidas,
choro o amor desencontrado.

Falta do pai
perda de um amor
choro duas dores
numa só dor.

No tardio abraço vigoroso e apertado,
quando as palavras já não querem dizer mais nada,
no tatear e agarrar convulsivo
no desespero da tua angústia, meu filho,
as lágrimas lubrificam o doce atrito
do veludo da tua barba contra meu rosto liso molhado.
Tuas, minhas, nossas?
Pouco importa, no dissolver geminado,
reavivando a memória longínqua
de um outro abraço forte e sentido
no prematuro leito de morte de meu pai,
que deixou a marca do arranhar indelével
das agulhas da sua barba malfeita contra meu rosto inundado.
Dor, sofrimento, desespero?
Tanto agora como no passado,
no sofá da sala ou no lençol encharcado,
o comungar catártico convulsivo
do encontro fértil das águas
canalizando a erupção das lavas
na intensidade do nosso poderoso amor desencontrado.

Pedro meu estranho pedrisco.

A primeira vez que te olhei,
pendurado num varal de luvas de borracha,
enlameado da lava materna
castigado por mascarados
soltaste o vagido milenar
na despedida da caverna dos teus sonhos.

Do outro lado da vitrina,
cegado pelo faiscar dos flashes
que teu pai meu filho gatilhava,
tua mãe Ceres ainda doída da perda
mas já realizada na sua feminilidade,
engoli um caroço
de lágrimas que meu orgulho segurava.

Pedrisco meu belo Pedrinho.

A primeira vez que te encarei
no areial de linho
eras uma tartaruga
que algum Gulliver
de costas depositara;
não... um besouro
que em espasmos
já procurava alcançar
o sol... a lua...
ou talvez a mim
que através da peneira de um microscópio
ou pelo telescópio de Halley
cientificamente te perscrutava;
um bichinho qualquer
do mar do mato
querendo agarrar
a vida que ainda era nada.

Pedrinho meu gostoso pedregal.

A primeira vez que te vi
era a primeira que te sentia
um bibelô de carne e pele
de uma qualquer Glass Menagerie.

Era a primeira vez que para mim sorrias
um desabrochar do trigo
uma Dama da Noite
o brotar da lua cheia.

De animal em gente
a metamorfose começara
em ti e em mim
de pai para feto do avô para neto
em gente que no cesto eu balançava
nos braços acalentava
no peito acariciava
nas bochechas bicava e bicava
tudo para transformar o choro
o vagido que ainda aflorava
e transformá-lo
em sorrir/risada.

Pedregal meu querido Pedroca.

A primeira vez que te compreendi
você já andarilhara poucos meses e muitos anos
e meu olhar para trás e para frente
confunde o cronista e Nostradamus
embaralha a morte e a vida
pois eu já morto
a tristeza se apossa
do meu desejo de imortalidade.

Pedroca meu maciço pedral.

És o primeiro Segall desta linhada
de Segais do velho Abel
— escriba e artista
das pedras da lei —
carregando a tocha da ilusão
da minha eternidade
colorindo a existência
com a Roseta
dos teus olhos a água-marinha
as grutas de Altamira
das catedrais as esculturas
da funda contra Golias
das pirâmides as alturas
que foram entre outras todas pedras
no pulsar da luta da arte da ciência e da filosofia.

Pensei e me ocorre ainda
que pedra é rocha
que não funde
nem dissolve
que é couraça
escudo
fortaleza
e armadura.

Teu nome carrega
imenso peso e densidade
onipotência e eficiência
soberba e vaidade.

Mas lembra-te, pedregulho do universo,
que mesmo a água tanto bate até que fura
e fragmenta a pedra
em seixo e pedranceira
cascalho e areia
calhau e pedraria
e reduz até a rocha em poeira e poesia.

Pedral meu sempre Pedrão.

Levas em ti
a tese do diamante de Carrara
a antítese do sabão de Minas
mas podes chegar à síntese
de Hércules Eros Vulcano Afrodite e Atena.

Conquistar esta penosa mescla
esta dialética cristalina
entre dureza e fragilidade
intuição e conhecimento
rigor e generosidade
amor e sensualidade
atingindo assim sabedoria
foi, é e será tua luta no Sahara
para vires a ser Pedro da pedreira
e como teu bisavô Lasar,
filho de Abel pai de Maurício,
lutador artista pensador obreiro.

De Rita e Sérgio
germina João!

Sal da terra
centeio trigo cevada
brota um coração de leão.

Querido neto
    um PÃO!

Enfim apitou o clarim!
Surgiu o tão ansiado
tão bem-vindo
meu neto mirim
pele de cetim e marfim
festim de afagos e carinhos

sim meu querido Joaquim

Você nasceu num dia comum!
Mais algum ou mais um?

Quando vagares pelo mundo,
coração e mente abertos,
pelos deltas e cerrados
nas montanhas e nos vales
nas planícies e estepes
nos bosques e nos prados
pelas vielas das cidades

dialogando com os botões
do teu casaco surrado
com o cáctus e a floresta
no gelo e na neve
com a flor e as frutas
na caatinga e no agreste
com os animais selvagens e humanos
no asfalto do deserto

questionando atento a verdade
mas sempre recebendo e dando
o carinho que é o afago
a felicidade que é canto
o amor que é lareira
o pranto que é chuva
o desejo que é tornado

Fernando meu querido neto
serás um ser humano

incomum!

Minha primeira neta
brotas com a fragrância
do ungüento das olivas

para temperar talvez
o que resta ainda
do crepúsculo da minha vida

Francisco,
que tua vida seja tão longa, fértil
e rica
como o fluxo do xará "Chico",
utopia dos "sem-água",
que nasce com a poesia de Guimarães
Rosa
e desliza em prosa nossa,
   ora célere,
   ora em câmara lenta,

carregando a humanidade nas "gaiolas"
e irrigando as estepes do vasto centro,
   salta na abundância da Cachoeira,
   deságua na formosura do Penedo
   e alimenta a vastidão do Oceano,

é o que deseja
teu vô Maurício

JOGOS DE PALAVRAS

O fogo na chapa
estala como cristal
na pele fervente
que deglute o chá quente
que chia quando mescla
com a saliva fria.

Lembrando Aldous Huxley

Mundo novo
terno e não bravo.
Novo homem
húmus e não diodo!

Nuvens escuras
rondam a lua
vivem às turras
lutam nas dunas

nuvens pululam
sujam as ruas
adubam os muros
lixo na urbe.

Lágrimas a rodo!
Rodo haja
para lavar as lavas
que alagaram o adro.

Sedução, promessa não cumprida.
Prisioneiro e cúmplice
em liberdade condicionada.

Obsessão, território aquém do almejado.
Guarda e preso
no parlatório da solitária.

Prisão, amor não retribuído.
Carcereiro de si mesmo
na penitenciária sem grades.

Todo amor
leva a Roma
ânfora etrusca
império do senso
tenso aroma
cor amora.

Manch (a) ete
        Pix (e)ote
Chis(pa)te
        Mo(r)te

So lidão é estar (no) só(tão)
com finado na(o) so(no) lit(er)ária(o)
do so lstício de prisão
so terra (do) no isola mento
na cela de véus e espelhos
onde olho fora e vejo dentro
so lista e do Ego so li(t)dário
pre so na camisa de força em so lilóquio
com a memória, Narciso e caixa de Pandora.
        So mente a nostalgia
        so lidez da a(h!)ngústia
so dades do que nunca aconteceu
so frer por aquilo que devia-mas não (posso) con(t)sigo — (t)ser.

                    Broto
               logo nasço
                     nasço
               logo broto

Vivo   Existo
logo sou   logo estou
sou   estou
logo vivo   logo existo

Ajo   Vago
logo penso   logo sonho
penso   sonho
logo ajo   logo vago

                    Aspiro
               logo cheiro
                    cheiro
               logo aspiro

Falo   Reajo
logo digo   logo ouço
digo   ouço
logo falo   logo reajo

Noto   Sinto
logo vejo   logo toco
vejo   toco
logo noto   logo sinto

Obro   Fodo
logo como   logo amo
como   amo
logo obro   logo fodo

                    Morro
               logo findo
                    findo
               logo morro

TRISTEZAS E INDIGNAÇÕES

(Guerra das Malvinas)

Cerveja cristal no bar,
água gelada no mar.

Leio o jornal ao sol,
morre o marinheiro no atol.

A lágrima escorre na mão,
batizando o luto da luta em vão.

Lago de Todos os Santos
entre Petrohué e Peulla
depois de Nahuel Huapi
antes de Llanquihué e Pulleuhe,
nos cerros e ventisqueros,
de Catedral e Tronador até Osorno.

O olhar descansa
nos bancos de gelo
nos cedros e pinhos
ermos ermos;

o motor do barco
patos selvagens
silêncio sonolência
morno morno.

Paraíso na Terra.

Torno o olho
retorna a vista
ao cume de leite
acima das nuvens;
a atenção imantada
fantasio o mistério
que cerca as sombras
do cone perfeito.

Refúgio de Vulcano e Cronos
o vulcão hiberna
entre as geleiras
e a neve eterna;
Valhalla ariano
de Siegfried e Niebelungen
na floresta negra
de aranhas de arayanes.

Nas planícies e vales
o ronco dos ventres
o clamor do lamento
dos hombres porteños
das madres de mayo
dos niños chilenos
devolvem pesadelos
das masmorras Tiradentes.

No uivo dos ventos
nos choques dos raios
o flagelo dos escravos;
nas formas dos fornos
nas bigornas e tornos
as serras roncam
fermento de açougue
matadouro de homens.

Inferno na Terra.

Nos lagos do cone sul
os cemitérios verde/azul
de membros e troncos
de gente como a gente.

Os vulcões latino-americanos
nunca dormem:
para que lado escorrerá a lava
da nossa miséria e fome?

O sopro viceja em brotos, frutas e flores
que fenecem no ocaso dos deuses
e na apoteose semeiam teses
no arco-íris de risos prantos e cores.

Metamorfose das pétalas em adubo;
eros/tanato contém perfume
olor podre de seiva/estrume
traveste seres humanos em refugo.

Esgoto, roxo, fosso, urro,
monturo, puto, escroto, obducto, morro,
lodo, nojo, porco, esturro.

Do luxo ao lixo à hydra
do riso às dores ao choro
do éden ao inferno à vida.

O enxame de crianças
soterra o carro no semáforo.

De baixo para cima:
          o pé chato
          o inchaço da fome
          a costela em espinhaço;

de cima para baixo:
          os olhos...
          os olhos...
          os óleos de Segall.

Minha cidade
secreta infantes

nos esgotos do meio-fio
trincas do asfalto
ralos das sarjetas
frestas dos barbeiros
bueiros de lama.

É cinza!

Cinza que te queria azul, azul
minha cidade é cinza.

Ciranda, cirandinha
vamos todos cirandar.
         Areia e cinzas.

Zero horas no semáforo
da Brasil com Praça América.

Zumbis infanto-juvenis
no zoológico do asfalto
saltimbancos descalços
no sinal amarelo
anões adultos
mão estendida
punho escondido
a pele da fome
face cor neon
no sinal vermelho
avançam como rio de sangue.

Por que tanto tarda o sinal verde?

Não suporto mais a impotência.
Quero sumir destas efemérides.

Gafanhotos
barata tonta
sanguessuga
abraço de urso
colar de serpentes.

Traje trapos
cozido crosta
auréola piolhos
agasalho andrajos
cinza lixo.

Esgotos semáforos vielas mangues templos
cantinas cemitérios teatros becos cinemas
pontes esquinas estacionamentos bares favelas
show-rooms de egressos
do incesto amor estupro
altares da miséria e filantropia
rotina trombadinha capitães da areia
nas quadrilhas dos cáftens de pirralhos.
Sonhos e pesadelos no colchão/calçada — cobertor/jornal
com olhos que fitam mas não enxergam a lua.
Como é que esta caverna de breu
ainda rende, nos sinais verdes, folguedos instantâneos
e tramas de ternura, amparo e riso?
Nas valas comuns, os vermes se agitam e aguardam
os candidatos natos — substituíveis e descartáveis —
à mesa de dissecação das Santas Casas
para o progresso do capital ciência moral e guerra nas estrelas,
mixto-frio de boas intenções, crime, história e hipocrisia.
"Gamins" da lama de Porto Aguirre
"niños" das sarjetas de São Paulo
violam compreendo devoram
guiam ignoro motivam
enojam amo matam.

(No memorial do Deportado Francês da Segunda Guerra
Mundial, na ilha da "Citê", em Paris)

Duzentas mil lamparinas,
cada uma a lembrança
de vida ceifada
nos Campos da ignomínia,
iluminam a masmorra
que abriga a tumba
do Deportado Desconhecido.

Minha lágrima turista
alaga o adro
e desliza para o Sena
que abraça a ilha
mas não consegue prender
a memória que se perde
na rotina do oceano.

"Difícil na pintura é lavar os pincéis."

Frase de Sérgio Bonetti reproduzida na Instalação
"A arte, o amor e a morte", de Jaques Charrier, da Bélgica,
na 18ª Bienal de São Paulo.

Precedente - Não lavaram os pincéis!

           Empunhei a lamparina
           e corri a São Silvestre
           à caça de notícias,
           não do happy-end,
           mas da síntese.

           No trem fantasma
           do play-center Ibirapuera
           percorri o huis-clos cosmo-polít(a)(ico)
           nos labirintos de espelhos
           corroídos de uma ferrugem só.

           Enjoei com a hipnose do diferente no igual.

Presente - Os pincéis agora são broxas!!

           Em alguns poucos becos e vielas
           entrevi e reconheci Mangueira e Bumba-meu-boi,
           Brahms, Chaplin, Mr. Hyde, Chico Buarque e Vênus
                                               [de Milo,
           Biafra, Nagazaki, Daschau, Doi-Codi e La Perla,
           Ho Chi Min, Gandhi, Nostradamus, Martin Luther King
                                                  [e Marighella.

           Já nos parques, avenidas e praças do Ringling, Barnum
                                                  [and Bailey Circus,

patinei sobre a escatologia mimética
dos Frankenstein e Minotauro,
Mo-loch Ness e Hydras,
Mr. Jekyl e estábulos de Augias.

Uivei com o CÃO do Apocalipse NOW.

Urgente -   É preciso afi n ar os pincéis!!!

Venham, venham admirar
o mais recente monumento
neoclássico da civilização ocidental.

Não tenham medo nem receio
das alvas chaminés marítimas,
vigilantes sentinelas avançadas
que vomitam os rugidos do Boulez eletrônico.

Atravessem ousadamente
o happening programado,
vasto pátio de milagres,
repleto de artistas amadores,
profissionais do subemprego
(não esqueçam a moedinha, por favor)
e adentrem a queixada
do mais recente dos Molochs.

Tranquilizem-se com as criancinhas
virgens, puras e rosadas
armadilhas inocentes
entrevistas nas provetas
dos ascéticos e desinfetados
ateliers de cria-cria-criatividade.

Venham, venham ser moídos
pela recepção glacial toda sorrisos
deglutidos pelas entranhas desnudas
e expelidos pelas peristálticas tripas de vidro
do mais novo monstro sagrado da arte
sorvedouro metálico
das multidões famintas
de verbo e cor
de som e espetáculo.

Transatlântico multicolorido
circo travestido
novo templo de aço
digerindo tecnologicamente
séculos de sensibilidade
e anos de orçamento.

Cultura nuclear instantânea
para os telespectadores
extasiados com a prestidigitação
arquitetônica do futuro
inserida a golpes de fórceps
entre os velhos tetos de Paris.

Ah! Que saudades dos Halles
sacrificados no altar da especulação,
cujo imenso buraco desnudo
nos faz chorar a má-fé dos homens.

Centro Beaubourg-Pompidou,
fruto da megalomania furiosa,
ditadura da nova moda,
Agência Central da Arte,
Igreja dos novos templos,
ritual da nova liturgia,
computador maldito
piscando eternamente
anunciando a nova
e duradoura alienação.

("Quem não tem pão, coma bolo" - Maria Antonieta)
("Quem tem cão, não caça com gato" - Mariazinha)

Sulcado pelas unhas do "gato" urbano
trabalh a dor rural.
A bóia da marmita fria não mantém à tona
e o Leme do "toldo" aponta para a cidade/usina
onde esguicha álcool/ouro
mas não tem açúcar/soldo nem comprimido/milho
para o café, a tosse e a barriga vazia;
no resguardo, bóia-fria, tome bala para azedar a vida.
Pipocam estalos
jorra soro
desabam espantalhos
na cova rasa do lati fúndio
                        pátrio ta
sur realista é o moribundo
                        voluntário
supra sumo da cana é a bóia
                        sertaneja
suicida que se deixa matar faminto
                        esqueleto
sub versivo criminoso é quem morre
                        na tocaia
super avit lavra dor deixa o esqueleto no eito/
                        serra
sucumbe à vida ceifada no desabrochar do dia
                        amargo
surunganga sobrevive o apetite do senhor do campo/
                        terra
suspensivo vôo do gavião e do poeta para a nascente
                        alforria?

Quando explodiu o bueiro
na calçada do Banco de Ouro
espalhou bosta para tudo que é lado;
da hecatombe
sobreviveu a caixa-forte.

Explodiram cinco cosmo cratas
na guerra das estrelas
Jorraram barris de lágrimas de c(r)o co(dilo)mijo
nas sarjetas da terra;
      aí   o choro em coro
            com orquestra da NASA
            regido por Reagan
            e redes televisadas
um olho úmido outro atento
os cínicos da filantropia
no circo montado às pressas
já tudo programado
tiveram que adiar a aula
do "american way of life"
das fessoras do espaço
selecionadas pela ITT&CIA
trapezistas voluntários
enquanto os miseráveis obrigados
vivem a despeito deles mesmos
esperando resignados
a revogação da contabilidade vigente
de um desenvolvido igual a um milhão de "atrasados"
a disenteria de um ariano pela fome da criançada do Sahara
a morte súbita de um ônibus espacial ofuscando a agonia de todos
                                   [os passageiros
                                    suburbanos
os poucos nababos
pa pa xás
dos Taj Mahals
Wall Streets e Pentágonos
enterrando multidões
de an alfa betas
de famintos
da la ma se ca
bilhões de ser es
perando a foice
que já ceifou suas chamas

antes de vislumbrarem sol e lua
      aí   as córneas são deserto
            as pupilas areia
            a constricção é teatro
            as palavras são ao vento

Jingle mel, jingle fel,
jingle all the time
comam, comam as fezes
do acre-doce bolo fecal
de plástico Mc Donnald's
e bebam detergente Coke
especial, especial, legal
limpa o complexo anal.
Happy Natal!

Cuidado!
corpo, sebo inchado
sexo, ser assexuado
pele, couro manchado
cabelo, arame farpado
nariz, buraco ulcerado
boca, esgar desdentado
lenhos e tocos lanhados
perfume, fedor encharcado
vestimenta, retalhos costurados
idade, vazio precoce, dos anos passados
vista, luz mortiça dos buracos embaçados
que esmolam com profundos poços cataratados
os clientes que fogem com seus sacos abarrotados
e olhos que bem sabem contar seus cheques estrelados
mas nem conseguem perceber o viver enojado
que teima restar na irmã entulho odiado
esparramada à vista do guarda armado
aguardando com o rosto resignado
a hora de ter seu fogo apagado
no vão do viaduto ovalado
gelado!

Frente àquele monte de andrajos
que polui a soleira do grande banco dourado
arrepio-me todo com amor enojado.

A morte não é solene,
a morte é o grotesco.

A caminho da terra
o cadáver é uma tábua
revestida de cera
o ricto é plástico
o couro ímã de insetos
o odor é de estrume
o sofrimento público
o velório patologia.

No descanso eterno
a carne vira adubo
banqueteia os vermes
o marfim dos ossos
não é bio-degradável
os maxilares gargalham
durante séculos no tempo
para o gáudio da arqueologia.

A morte só é poética
quando as cinzas aspergem o vento.

Quando morreu OGAM, o mago do circo "SEVEN
BROTHERS LTDA",
apesar das Neves, a lona quase pegou fogo.
O infausto ocorreu, quando tentava executar
a última e mais arriscada das suas

```
                           qua    de
                           dra    ilu
                           do     sões.
```

A platéia, que pagou caro,
hipnotizada, não afastava os olhos do

OGAM não era HOUDINI,
sua vida nunca arriscara;
mas, para este último sortilégio,
pensou mais no PANTHEON do que nos povões da
                                    arquibancada.

Quando, por uma destas ineficiências de percurso,
apagou em morte mineira
o palhaço riu, o domador chorou

```
    s     d    r    ú    r    v
    a e p n e o o s f n b e i a   a,
    e    r    t    c    o    e u   v
```

não porque sua magia fosse encantada,
mas sim, porque ele era um dos donos do círculo de
                                    saibro e cordoalha.

Na saída não devolveram o dinheiro
E, no tumulto, morreram cinco
enquanto outros 168 se arrebentavam.

— "THE SHOW MUST GO ON" – é a tônica
no novo circo de saibro e areia
DAS POLÍTICAS GERAIS ANÔNIMAS.

Quando morreu ANNES, sócio do Circo "FÓRMULA I SOCIEDADE LTDA.", apesar da chuva, a pista ficou incendiada.
O infausto ocorreu quando tentava executar a última e mais arriscada das suas

Annes, que por dólares sua vida sempre arriscara e de herói não tinha nada,
pensou mais na mega-sena que nos povões da arquibancada.

Quando, por uma destas ineficiências de percurso, apagou em morte global
os aproveitadores riam enquanto o povão chorava

```
      s     d     r    ū    r    v
    a e p n e o o s f n b e i a a,
      e    t     c    o   e  u   v
```

Na saída não devolveram a entrada
mito e lucro se deram a mão
enquanto a multidão continuava esfomeada.

– "THE SHOW MUST GO ON" – é a tônica,
do novo circuito oval
DA "FAMÍLIA ANNES IRMÃOS SOCIEDADE ANÔNIMA".

cír   de
cu   emo
lo   ções

A platéia, que pagou caro,
hipnotizada, não afastava os olhos do

Como é triste
admirar as garotas de Ipanema
que pensam que sabem muito
mas sabem apenas
que o sol queima
e a praia bronzeia
que cuca é careta
legal é o gozo
na liberdade do corpo
desnudo de tudo
no culto de si
no altar do formoso.

Na passarela da zona sul
o desfile contínuo
das coxas carnudas
no andar lascivo
das peles douradas
das nádegas fofas
da arrogância pontuda
dos bicos dos seios
dos lábios salientes
nas tangas colantes
das pernas abertas
na boleia da moto
das pernas fechadas
no bar da patota
das pernas vibrantes
no "footing" da areia.

A dureza precoce
nos traços da face
nos olhares sabidos
de sábia malícia
mas burras do mundo
ignorantes de tudo
prenúncios do nada
prenúncios doídos.

Quanto desejo frio/quente impregnado de pena
suscitam as esplendorosas estátuas de Ipanema.

José, aprendiz de eletricista,
João, servente de pedreiro,
Antônio, auxiliar de encanador,
Manuel, ajudante de motorista,
Benedito, serviçal de carpinteiro,
e Apolônio, meio oficial pintor.

Tudo peão e baiano do bom!

Músculos retesados como a corda do arco,
rostos ressecados da cor do amarelão,
pele estirada como o couro da cuíca,
ossos sem carne, corpo sem nutrição,
toda vida só duro trabalho,
farinha, cachaça e feijão.

Depois de uma penosa jornada
na obra da casa de verão,
com 10 quartos, 5 banheiros,
saleta, sala e salão,
piscina e churrasqueira,
sauna, lareira e porão,

as cinco em ponto da tarde,
vão descendo todos pra praia da Enseada,
de uniforme de verão — cueca canção —
para sua vespertina pelada.

João solta o último rojão,
e por que não? O Santos não foi campeão?
Zé vai chutando a redonda,
cantarolando Construção;
Dito, Mané, Tonho e Polônio,
com gracejos, piada e empurrão.

Tal qual Juari, Pelé e Pita,
saltitam um pouco,
flexionam as pernas,
chutam o vazio,
correm um pique,
se aquecendo do frio
do banho da bica.

De um lado, Zé, Dito e Tonho,
e de outro, João, Mané e Polônio,
na teia de areia beijada do mar,
prontos a lutar e morrer pela bola,
na praia dourada do Guarujá.

Rola a pelota
que pula que vira
redonda que tomba
que plana desliza
esfera que chega
que voa na brisa
que vai e que volta
peteca bem solta
do João pro Mané
daí pro Polônio
intercepta o Tonho
e passa pro Zé
o Dito na espera
do balão que aterra
macio no peito
no passo desfeito
que escorrega e desce
pra botina de pele
que chuta com fé
a redonda prensada
salta e espirra
intercepta de testa
a esfera que sobra
pro João leão de bola
mas o Zé que lhe toma
o couro do pé;

cessa o jogo
na hora que passa
gingando o corpo
de forma arrogante
a loira desnuda
de pele queimada
de calcinha amarela
de sutien cor de nada;
olho aberto
nariz ofegante
saliva na boca
o desejo desperto
até que ao longe
a silhueta ondulante
se desfaz lentamente
no horizonte deserto.

Após uma pausa
com gozo e deboche,
piada e risada,
recomeça o racha.

Ginga de corpo
drible bem dado
Zé corre solto
pro gol almejado
João não desiste
se atira lascado
na esteira do amigo
qual tiro apontado;
carrinho de sola
esguicho de areia

osso no osso
um grito de dor;
mão na canela
"devagar com o andor!"

"Fio da peste!"
"Fio da puta!"
"Vá à merda,
por que não enxerga!"
"Puta que o pariu,
então não me viu!"

Queixo no queixo,
olhos nos olhos,
a raiva crescente
os músculos tensos,
ricto de ódio,
dente com dente.

Acorrem correndo
Dito, Polônio, Mané e Tonho;
"Deixa disto, irmão, não é nada não."
"Acalma Zé, amaina João!"

O jogo termina
no crepúsculo dourado
que vira prateado
e escurece chumbado;
mal dá pra ver a bola
que, veloz como o vento,
atravessa a meta
no último tento.

Zé Dito João Tonho Mané e Polônio,
gargalhando, berrando, esquecidos da vida,
a pele escura pingando suor,
disparam correndo pro mar refrescante,
que espera, qual mãe amorosa,
os corpos cansados irradiando calor.

Chuveiro salgado,
respingo gelado,
quando pulam e saltam
de pernas e braços pro ar,
aterrando de pança,
mergulhando de fuça,
caindo de bunda,
nas ondas bravas do mar.

Chutes nas vagas, tapas na espuma,
cegando a vista,
encharcando o cabelo,
refrescando a cuca,
alegrando a tardinha
da véspera anterior
de mais um dia inteiro
de cansativo labor.

Nesta alegria,
ninguém percebe

que Zé, que não nada,
se afasta aos poucos,
esquecido de tudo,
esquecido de todos,
no júbilo profundo
do batismo da água.

As ondas violentas
despencam no peito,
engole salmoura,
engasga sem ar.
No arrastão da corrente
vai sendo puxado
na direção do poente
visível ao luar.
Começa o medo,
não quer dar de fraco,
não chama ninguém
e procura andar.

As pernas de chumbo,
a vontade que falha,
a força que cede,
não consegue voltar.

No meio da farra,
João, preocupado,
a vista ao longe,
enxerga assustado
quase invisível,
no crepúsculo sombrio,
coberta de vagas
a cabeça de Zé
que agita os braços,
que grita sem voz,
pedindo à Virgem
a ajuda e o socorro da fé.

Dito e Polônio
berram agoniados;
Mané e Antônio
estacam aterrados;
João não hesita
e nada solerte,
com braçadas mal dadas,
mas forte e decidido,
na direção do compadre,
do companheiro querido.

Zé, sem controle,
afunda e volta,
esperneia e agita,
já exausto da lida,
já cego da vista,
já surdo do ouvido,
já mudo da boca,
já longe da vida.

João chega cansado
e abraça o amigo
que, no desespero,
mais morto que vivo,
com perna e braço
envolve o "inimigo"
no enlace apertado
mais forte que o aço.

Preso na malha
se debate em silêncio,
e qual peixe na rede,
procura escapar.
Mas Zé, inconsciente,
não larga a presa,
e assim mergulham,
agarrados, abraçados,
de uma vez por todas,
no abismo do mar.

Apavorado, mas sem crer,
"vou morrer" pensa João,
"Iemanjá, Vije Maria,
me valha Cosme e Damião".
Antes de chegar ao fundo
do verde oceano-tumba,
tão rápido como o raio,
desfila na sua mente
a vida querida,
a vida do norte,
a vida esquecida,
a vida do forte.

A terra amada,
a terra adorada,
a terra abençoada,
a terra ressecada,
a terra esfomeada,
a terra amaldiçoada,

a terra dos Santos,
a terra de tantos.

Roceiro da fome,
das tarefas de tocos,
vaqueiro dos bois
dos fazendeiros dos ocos,
meeiro e rendeiro
dos doutores da sorte,
cabra e jagunço
dos coronéis da dor e da morte.

E sempre o trabalho,
ou na rude caatinga,
ou no meio do agreste,
ou junto ao açude,
ou no cerrado fechado,
ou na seca da peste.

E tome coice de jegue,
tome chifrada de bezerro,
tome mordida de cobra,
tome picada de barbeiro,
tome tombo de jirico,
tome tiro de coiteiro.

No mundaréu sem fim
de xiquexique e juazeiro,
macambira e gravatá,
jurubeba e perreiro,
fazendo zabumba
de pegar preá.

Repousando à sombra
da braúna e jacarandá,
ouvindo o trinar
do tisiu e da rola,
pescando piaba,
traíra e jundiá.

Comendo doce de leite,
bebendo água de cuia,
preparando no eito
beiju de mandioca,
canjica de milho,
pamonha de tapioca.

Nos dias de festa,
cavalgando de longe
pra soltar rojão
e dançar a roda,
compadre e comadre
na fogueira de São João.

Namorar Zefa faceira,
abraçar Joana brejeira,
beijar Maria rendeira,
amar Ditinha na esteira,
mas sonhando sempre
casar com Rita doceira.

Mas quando desperta,
é tanta tristeza,
é tanta miséria,
é tanta pobreza,
é tanta morte
que abate o mais forte.

Nem o Pai de Santo
do Candomblé do terreiro,
de Iemanjá soberana,
do Exu milagreiro,
ninguém resolve
tanta desgraça insana.

Numa noite sem lua
resolve partir
para o sul sonhado,
para o sul odiado,
prometendo à Rita

um retorno abençoado
por uma noite
de lua mais rica.

Viagem sofrida
no caminhão que não pára,
o corpo moído
no pau de arara,
a alma doída
no curso da vida.

No paraíso sonhado
procura trabalho
mas continua esfomeado,
pedindo esmola,
apanhando arretado
da cidade que esfola.

Servente de obra,
a mão calejada
da enxada e da rédea,
maneja agora
a pá e o prumo,
a brocha e a régua.

Constrói o progresso,
a miragem paulista,
mas que é para poucos,
na cidade que avista
só de cima do andaime,
à beira da sorte,
à beira do tombo,
à beira da morte.

Vida vivida,
vida perdida,
agarrado a Zé,
afunda João,
no abraço apertado,
coração no coração,

rosto no rosto,
irmão de irmão!

Dito Polônio Mané e Antônio,
na praia imensa, deserta e escura,
a vista perdida no negro do mar,
aguardam mais um milagre de Iemanjá.

A noite inteira,
tremendo de frio,
esperam imóveis,
no velório vazio,
até que o sol raiante
banhe as faces paradas,
que enxergam ao longe
nas ondas rolantes,
dois corpos agarrados,
que giram e descansam
cobertos de branco
da mortalha espumante.

Junta gente,
junta baiano
das obras esparsas
do Guarujá.
Mãos caridosas,
na rotina da morte,
na rotina da vida,
acendem as velas
que tremulam na brisa,
e cobrem os corpos,
já rijos e frios,
com a Gazeta Esportiva.

SANTOS CAMPEÃO,
berram as letras enormes,
saudando
mortistas
que rodeiam
os patrícios

retirados
no rabecão.

Dito e Polônio,
Mané e Antônio,
um gole de pinga,
um gole pro santo,
se dirigem à lida
do esforço e do suor,
enquanto aguardam,
já esquecidos da dor,
a volta sonhada
pra Bahia das mortes,
pra Bahia de tantos,
pra Bahia dos fortes.

Autocrítica do autor provocada pela crítica de seu filho

Realidade truncada?
Sensibilidade falseada?
Na catarse penosa
da contradição dolorosa?

Compaixão de quem?
De si próprio
ou de outrem?

Alienação inevitável?
face a um mundo inaceitável?
Só procurei transmitir
aquilo que minha vista,
míope ou hipertrófica,
honestamente avista.

Com o corpo orvalhado pelo sal atlântico matutino,
caminho pelas trilhas que serpenteiam na praia da Fortaleza.

1º de maio — um dia como qualquer outro?
Por que não finquei meu estandarte na praça da Sé?

A rua encharcada das lágrimas da greve
me chama.

Solidário, solidário, solitário,
dobram meus sinos.

Algo me impede de sair de casa;
a inércia cimenta meus pés
e o terremoto não consegue abalar meu comodismo.

Solitário, solitário, solidário,
o contraponto imobiliza.

Que fazer para manter intacta
minha desvirginada dignidade
e minha digna folha corrida?

Adentrarei o século XXI
encarapitado junto à bruxa
no cabo de vassoura
que risca o céu roxo
chorando lágrimas de chumbo
pelo século XX que finda em luto.

No reinado do horror econômico
mutação do homo sapiens em robô
quanto mais lucro maior o pavor bélico
os cães matam por cada centímetro de chão.

Das nuvens jorra chuva atômica
a criança nua foge em fogo
da terra brota ovo tóxico
os esqueletos adubam o solo.

A crueldade continua monopólio dos animais humanos.
Gente como a gente!

Como posso ter o sonho
de participar no foguetório
dos festejos do adeus
a este século tão roto?

Será que pagou a pena
vir a este mundo mais que torto?
Só resta começar tudo de novo
a partir do homo erectus cavernoso.

Só o lixão da vida
inclui o excluído;
a seleção do lixo
beneficia a produção
consegue inflar
o ininflável — a exclusão.

Eu e o monitor,
quem olha quem?
Os dados ricocheteiam na córnea,
Big Brother é onipresente.

A mão não acompanha
o zig-zag do ratinho em tempo real.
A memória transborda no reservatório do cérebro
mas sobra no tanque digital.

A vida se reduziu
aos dígitos zero e um,
a inteligência dialética
aos bits e chips do Q.I. da máquina.

Onisciência e onipotência são miragens
e o programa da imagem é o novo Deus.
Estou me informando
ou sendo formatado,
                       eis a questão!

A hipnose do retângulo,
a velocidade dos dados,
acabam com os neurônios
que não resistem à alta tensão.

Falta energia para o livre-arbítrio,
a hegemonia é do virtual.
A liberdade escoa pelo ralo
da internação na rede do global.

Quando enter substitui entrar,
mouse rato
delete apagar,
para onde vai nosso dialeto?

O nascente império lingüístico
disfarça a nova tirania e opressão.
Sob os holofotes da ribalta
sou apenas fantoche automatizado,
resta saber, de quem!!!

> "Pois não há nada que enfraqueça nem que paralise mais que a vergonha... [que] ... deveria ter cotação na Bolsa. Ela é um elemento importante de lucro."
>
> (Viviane Forrester,
> *O horror econômico*)

No terror vigente
do horror econômico
no reino do Capital

a vergonha de cada miserável
é mais dolorosa ainda
que a dor da estatística global.

A bandeira tremula no alto
enxovalhada pelas guerras,
o hino nacional é berrado
pelas crianças em São Januário.*

Por usura falsificaram os símbolos
e conseguiram adulterar o simbolismo
inventaram os heróis
e degradaram o heroísmo.

O craque de futebol
expõe a canela
fatura um milhão
é herói de araque.

Políticos, milicos
empresários, esportistas,
choram à toa
heróis de fancaria.

A voz tonitroante
continência no quepi
mão sobre o coração
o pranto é tragi - comédia.

Nas avenidas e nos jardins, amor à pátria
refrão sem compromisso
pretexto simbólico
no exercício da exploração.

---

*) Alusão aos corais infanto-juvenis ufanistas e massivos produzidos no Estádio de São Januário do Vasco da Gama (o maior do país na época), no Rio de Janeiro, alguns regidos por Vila Lobos, pela Ditadura Estado Novista de Getúlio Vargas entre 1938 e 1944.

Desfila o exército de esqueletos esfomeados
os filhos não verão o próximo inverno
as mulheres procriam como lebres
condenados todos inafiançáveis.

Nas vilas, vielas e favelas da nação,
sacrificados na guerra contra a fome,
sem símbolos, os miseráveis descartáveis
são os reais heróis da nossa terra.

Comandantes não comandam
atiradores não atiram.

Morrem baleados dezenove sem-terra
os dedos no gatilho são absolvidos.

O Brasil entra no primeiro mundo tecnológico
inventou fuzis que disparam sozinhos.

EROS

O voraz saboreio de cada milímetro
da tua epiderme cor de centeio
das costas aos seios da fronte aos poros
dispostos nas teias de veios azulados
que tateio com lábios sem peias
e leio com olhos que seguem amorosos
todo meneio ameno e ondular sereno do laceio
dos músculos e do recheio carnudo pleno que mordo com dentes afiados
de permeio aos suspiros dolentes na procura do odor perfumado
nas grutas dispersas que cheiro em todo teu corpo macio e cheio
desejado sofregamente na expressão máxima
do meu inexaurível amor anseio.

Fama tinha de mulher dama.
Levei-a para meu sofá-cama;
insana foi a chuva de madrugada
que deixou nossos pastos em lama;
dama rapariga cheia de manha
obsessivamente na memória clama
chama!

No recordar obsessivo,
a saudade do vivido corpo
sempre excitante e misterioso
de 50 primaveras,
quando, por dever de ofício,
descubro, apático e mecanicamente,
o virginal corpo sem surpresas
de 20 outonos.

No mergulho na tua seiva
semeei o meu sêmen.
Tua turfa,
acolheu meu húmus?

Dê-me calor
faça amor
beije a flor
plena de cor.

Tenro botão,
uva marrom
chupe mamão
pegue na mão.

Gozo total
eu animal
longe do mal
vida real.

O mar nasce de mãe solteira
em maternidade infinita.
                                        Glória no nascente.
O veleiro Anaid
aguarda que Eolo sopre e Poseidon agite.
Só o beija-flor perturba as flores,
o veleiro está imóvel.
A aragem balança as folhas,
o veleiro tremelica.
A brisa trinca o espelho d'água,
o veleiro levanta ferros.
O vento asperge a crista das vagas,
o veleiro desliza.
A ventania geme e arfa,
o veleiro cavalga.
A tempestade dobra as palmeiras,
o veleiro corcoveia.
O tufão desaba,
as velas latejam.

As ondas são um moto-perpétuo,
a arrebentação trovoa na praia,
o véu de espuma, leite e sal,
acolchoa a areia.
      O batismo é total.
                                      Luas em arrebatamento.

Os ciclos são inexoráveis e o bolero de Ravel vai terminando,
mas os tambores da África ainda ressoam nos tímpanos.
O turbilhão passa e a melodia fica.
O oceano espelhado reflete a partitura
e o veleiro apenas bamboleia.
Enquanto esperam pela próxima tormenta,
a modorra alimenta os tripulantes
que saboreiam o doce de leite em banho-maria.

Luas em calma.
                         Deslumbramento no poente.

O fascínio das ondas do oceano
é que elas não podem estancar.
O sudeste arrepia o plano d'água.
O bolero de Ravel recomeça
                         Reincendeia o nascente.

Quando minhas mãos turistas
acendiam teus primeiros rubores
prenunciando terremotos e tremores

    teus primeiros suspiros
    evocando futuros
    primeiros gemidos

quando minha boca obrava
substituindo palma e dedos
em sugados aspiros

    do cetim e veludo
    nos cones vulcânicos
    na espera das erupções

    e das rugosidades
    dos lábios fechado/abertos
    gerando humidades

quando a língua
se interpôs com suas papilas
acelerando as primeiras contrações

    englobando a cereja
    e causando deslizamentos
    de mil sucos represados

quando ofegante
mordeste o punho cerrado
calando os trovões incontroláveis

    teus olhos fechados
    gravaram todos os impulsos
    dos nervos inflamados.

Mas quando tive que te deixar
sem que o peixe ansioso
penetrasse na concha agora em repouso

>sem poder testemunhar
>com lava caudalosa
>o ímã portentoso da tua desejabilidade

>e sem escalar contigo
>o mesmo cimo
>donde você já deslizara

convivi frustrado
com esta memória doce/amarga
em ansiosa eroticidade.

Botão fruta do teu lábio
manga carnuda e ofegante;

botão flor do teu seio
doce figo entumecido;

botão broto do teu sexo
uva-passa odorosa e palpitante.

Deixe-me afagar, aspirar, beijar, chupar, mordiscar
teus botões-ímã, oxigênio da minha vida,
na explosão agradecida de mil rojões multicolores
em cada novo rejuvenescer prenhe de milagres.

Quero tanto,
tanto quero
o sexo/ímã da minha Eros
fonte Vênus
dos sonhos e anseios
para tornar vivas as fantasias
do meu amor/desejo.

A mão pronta a espremer o pêssego
a ponta do dedo mal aflora a penugem;

a boca prestes a aspirar o suco
a língua apenas ponteia a pêra;

o indicador retesa a corda do arco
a flecha ainda está contida;

o arco acaricia as cordas do violino
a ternura está solta;

o tic-tac é câmara lenta
o tempo se dissolve;

da Sinfonia, o "largo"
é o primeiro Movimento.

Lento,
curto o momento
quando vedas as tochas de felino
e tudo em ti
se reduz ao enleio dos teus lábios
(entre parênteses).

São pêssegos misto de maçã e amora
raviólis com recheio cheio
quarto crescente e quarto minguante
      sorvedouro e onda
      corrente e areia
      arco e flecha,
      serpente e piano,
      ímã e espora,
      nascente e vento,
      ventosa e piranha.

Contemplo e questiono
esta voracidade
de morder a carne
macerar as frutas
esmagar a lua
queimar o sol
afogar a tempestade
beber o mar
comer a areia
e afrontar os perigos do rio e da montanha.

Entre o furacão e a calmaria
      poente e aurora
      orvalho e pântano,
      da prosa só resta a poesia.

Feito da lã mais fofa
coberta do tecido mais sedoso
desenhado com as curvas mais suaves
animado do ritmo mais harmonioso

deixe-me repousar estendido
em abandono saciado e gostoso
minha pele cabeluda e grossa
e meu corpo ossudo e musculoso
ofendendo tua epiderme acetinada
e teu corpo macio e cremoso

sonhando com imensa felicidade
meu rosto calejado contra teu rosto formoso
durante horas e horas maravilhosas
para acordar, entre os homens, o mais ditoso.

Do orvalho da fonte
sexo/gruta
furna/sexo/amor,

brota a torrente
caudal/visco
viço/caudal/dor,

emana o aroma
doce/amargo
acre/doce/sabor.

Aspiro e adquiro
porre/gula
perfume/porre/cor.

Gosto do mar e adoro Maria
Maria gaivota arisca do mar.
A beleza sozinha serena obcecante
andar ondulante ligeiro hesitante
sonhar desejado
encontro sonhado
na praia comprida vazia do mar.
Cabelos dourados na brisa dos ventos
marola brilhante
o brilho ofuscante
cascata de ondas nas rochas do mar.
Concha plena de coisas não ditas
o súbito riso na boca benquista
piano de pérolas
jóias piscantes
alvores cambiantes das hortas do mar.
Carícia suave no abraço esperado
meiguice e susto
ternura e aperto
os olhos nos olhos
qual poços bem fundos do mar.

Sangue de amora nos lábios mascavos
cardume de beijos tomados e dados
saliva prateada
espuma salgada
desejo crescente na bruma do mar.
Os dedos ardentes na pele queimada
veludo bronzeado do sol ao luar;
dedos ansiosos no corpo macio
qual corpo esguio de um peixe no mar.

Os amantes mareados, suados de orvalho
em dança agitada e ronda aloucada
volteiam e giram
rodeiam e viram
qual vagas revoltas
ressaca do mar.
Pudor e audácia nos gestos incertos
perfume acre-doce dos poros ofertos
dos sexos despertos
na solda querida
total e perfeita

no alvo da vida;
murmúrios de amor
gemidos sem dor
suspiros risonhos
os gritos perdidos
posse profunda
abismos do mar.

Vista perdida no acordar vagaroso na colcha de estrelas.
Palavras vedadas, vista turvada, rubor e remorso.

Ligeira hesitante
andar ondulante
gaivota Maria
se afasta flutuante
do verde fascínio do mar.

Cada aperto, cada achego,
uma exploração no desconhecido
em busca do último sentido da vida.

O lirismo da carne.

O reostato comanda
o aumento gradativo da potência
dos pólos contrários.

Os lábios, como penas de faisão,
roçam as nucas descobertas,
e, no desencontro, se encontram
no mesclar das salivas;
desinibe-se a timidez das línguas.

Simbiose dos sexos.

Os olhos penetram
as profundidades das íris
e os ouvidos ouvem
os sussurros das línguas.

Soa o despertador.
As palmas das mãos
exploram sob o tecido
e afagam o veludo
das coxas e nádegas.
As pontas dos dedos,
penetram cueca e calcinha,

beliscam a seda
dos sulcos da gruta,
acariciam o prepúcio
repuxam a ponta dos pêlos
se insinuam nas cavernas traseiras
e mergulham na umidade da alvorada.

Erupção de tremores na pele
grau um na escala Richter,
agita-se o púbis
como um trigal na brisa.

Paixão em estado puro.

A masturbação,
sob o olhar do outro,
perturba a indiferença
das flores do vaso.

A língua asperge o botão
que emerge do seu abrigo,
o escroto se enruga
com o arranhar das unhas.
Sucedem-se os brindes
com o cocktail de vinho e sumo
os cálices das secreções de Eros
que lubrificam a vagina.
As línguas, como cobras,
pontilham a gota de orvalho
no orifício do mastro,
o pingo de rocio
no cimo do clitóris
limpam a camarinha de suor

e exploram a terra de ninguém
entre o ânus e a vulva
até chegarem às profundezas
da xoxota e dos cumes dos picos.
As bocas hospedam o membro
e beijam à francesa
os lábios da vagina
e os narizes aspiram sôfregos
todos os perfumes do cio.
A sede pede o saciar
na fonte da gruta;
a fome, o mordiscar
dos botões, mamilos,
e da carne das nádegas.

Volúpia, volúpia no Olimpo.

O espelho, onde dois são quatro,
exibe, nas planícies e dunas,

o rubro dos vergões
das vergastadas e as marcas
dos dentes e das palmadas,
as impressões digitais
da tortura de mel dos amantes.

Os sentidos estão nus.

O falus penetra o ânus
e o pênis volta à vulva.
Somente uma membrana separa
o membro oferto ereto na boceta
do dedo afundado na caverna do cu.
O arcar das espinhas
prepara os sexos a alçar vôo.
Nas quedas de potência
os vibradores regra três,
contorcem os corpos
eletrocutados por alta voltagem.

As contrações ordenham litros de leite
e os jorros alvejam os lençóis.

O entrelaçar dos membros,
como polvos,
o dois em um
do abraço de aço,
atrito abrasivo
das peles em fogo,
o frenesi sem controle,
geram o calor de mil sóis
e derretem qualquer pudor.

Maremoto e terremoto,
grau dez na escala Richter,
as lavas incendeiam o leito
na erupção vulcânica.

A sinfonia do ofegar, dos gemidos,
do arfar, uivos e ganidos
no gozo além do suportável,
traz a súplica do "por favor, basta".
A seiva parece inexaurível
mas atinge o limite do possível.
O trovoar dos berros
"chega...chega...chega"
abala os alicerces do Universo.

A dialética do prazer e sofrimento
leva ao colapso.
Na letargia do repouso brota
carinhosamente o desejo do recomeço.

Após um estiado longo
sonhei Eros,
esguichei a ejaculação da noite.
Acordei gemendo de gozo
deitado no lençol gosmento.
Será que isto é um mote
de que ainda não estou morto?

As passistas natas da brasilândia

cadeiras requebrando ao batuque dolente

quadris bamboleando ao ritmo da mente

a "iáfrica" moldando o sangue

saia gingando ao som do vento

suor lubrificando os poros quentes

incendeiam o calor na eroslândia.

MEMÓRIA E INTROSPECÇÃO

Intuição, substantivo abstrato,
pleno de concretude.
O sonho tem carne e osso
e a fantasia solidez e opacidade.
Assim, quando (e se) passar o cometa,
não haverá surpresa
na passarela do samba
ou na cela do convento.

Ontem, provei aquela maçã
que não é pecado.

Hoje, o dia amanheceu
numa cor que não é ruído
mas sim
              doce de som mascavo.

Amanhã, no inverno, sem flor nem fruta,
vagarei,
pelo mundo em cinza.

Quando penso em água
sinto-me apenas seco
com calor e sede.
O resto é poesia.

A água dissolve
minha áspera caminhada
desde o ventre materno
até que na terra ela vaza.

Desde a bolsa d'água
que me aconchegava
até a anágua de chuva
que meus restos encharcava;

desde a poderosa sede
que me atormentava
e que eu satisfazia
no olho d'água;

desde a água limpa
onde o rio no mar deságua
e em cujos risos
eu me banhava;

desde as ninfas d'água
que meu coração despertavam
para a visão translúcida
das paixões doce/amargas;

desde a água da sarjeta
na qual eu me enxergava
mesclada às minhas lágrimas
absolutamente desesperadas;

Quando penso em terra
sinto-me apenas molhado
com frio e fome.
O resto é poesia.

A terra seqüestra
minha poeirenta seara
desde o sêmen paterno
até que na água ela aterra;

desde a fôrma de terra
que funde minha escultura
até a poeira da tumba
que meus ossos encerra;

desde a portentosa fome
que berra em mim
e que eu celebro
no trigal da terra;

desde o monte calvo
onde o vento chora na serra
e em cujas terras virgens
minha argila se tempera;

desde o húmus úmido
da eterna mãe/terra
que abriga meus amores
que desabrocham na primavera;

desde a terra em barro
na qual moldo os tijolos
onde habitam meus prantos
quando baixam as trevas;

desde as gotas d'água
que as nuvens traziam
e que apagavam o fogo
que me tinha em brasa,

até a ardente água
na água de coco
que afogava minhas mágoas
de pau d'água;

água doce
água salobra
água salgada
toda esta água andada

que refresca minha boca
delicia meu ouvido
deslumbra meu olho
perfuma meu olfato
afaga minha pele
lava meu corpo e mente
e que me manteve vivo
durante toda minha longa saga

desde os grãos de terra
que a brisa aglomera
e que abafam as brasas
da minha lareira férrea,

até as incendiadas terras
nas terras das lavas
que refrescam minhas dores
de homem fera;

terra fértil
terra gasta
terra morta
toda esta terra esperada

que limpa minha boca
timbra meu ouvido
ofusca meu olho
oxigena meu olfato
esmerilha minha pele
cultiva meu corpo e mente
e que me manteve vivo
no transcorrer da minha curta saga.

(Dez anos do Coral M.L.S.)

Segall cor al
é cobra no vermelho
       sem veneno
no atol colorido
da bolha verde no mar.

Raio de som no milênio
longo decênio de trigo com mel.

Como agradecer o arar
do marco cantante
       andante/alegro
em busca constante
da terra com sal?

        A têmpora pulsa!
A fronte couro de gato
as artérias tamborim, cuíca e pandeiro.
        A têmpora pulsa!
No escafandro as bolhas se acumulam
a panela é de pressão.
        A têmpora pulsa!
O trovão ecoa a cascata
flashes cegam o horizonte.
        A têmpora pulsa!
O contrapeso desce ao peito
o tórax é caixa acústica.
        A têmpora pulsa!
Os tam-tam não cessam
tem que haver uma saída.
        A têmpora pulsa
           o tempo não passa,
                    pula!

Insetos, aracnídeos, crustáceos e ofídios,
como num filme de terror,
escalam as escarpas do cérebro
e brotam pela boca, nariz e ouvidos,
alagando com suor o sono no colchão Divino.

Quantos gemidos, gritos, berros e ruídos,
sem coragem para afrontar a aurora,
povoam os embates da noite,
colorindo a rotina do dia-a-dia
no horror dos sonhos da Disneylândia.

> "Como pode o peixe vivo
> morar fora da água fria."

Ser mas não pertencer,
eis a questão!

Ser o pedregulho roliço mas não pertencer
à eterna rocha áspera e impenetrável.

Ser o minúsculo grão de areia mas não pertencer
à infinita praia promíscua e suja.

Ser a onda espumante mas não pertencer
ao tranqüilo mar da ressaca violenta.

Ser a gota d'água suspensa mas não pertencer
à refrescante chuva que tudo inunda e afoga.

Ser a folha tremulante mas não pertencer
à frondosa seringueira das raízes predatórias.

Ser a árvore imponente mas não pertencer
ao repousante bosque do reflorestamento.

Ser o peixe irrequieto mas não pertencer
ao alegre cardume das piranhas vorazes.

Ser o pássaro liberado mas não pertencer
à barulhenta revoada que tudo emporcalha.

Ser a abelha operária mas não pertencer
à diligente colmeia da indústria de fel.

Ser o boi tranqüilo mas não pertencer
à pacata boiada em louco estouro.

Ser o camelo ruminante mas não pertencer
à pitoresca cáfila fedorenta e desengonçada.

Ser o índio orgulhoso mas não pertencer
à gentil tribo dos guerreiros sanguinários.

Ser o lépido passista mas não pertencer
à nacional escola de samba do turismo internacional.

Ser o parafuso humano mas não pertencer
à sofisticada máquina da computação social.

Ser o filho pródigo mas já nem mesmo pertencer
ao eterno lago do falecido ventre materno.

Quando branco era branco e preto era preto
(não obstante todos os matizes do cinza oculto)
eu já pertenci!
Mas hoje, na inocência perdida,
fulcro de todas as contradições,
estou sozinho no meio da cega multidão
que, às vezes... só às vezes...,
é meu desperto povo fraterno de

judeus ladrões árabes gatunos turcos vigaristas lusitanos burros feministas sapatões bichas nojentosas mulheres inferiores artistas bichosos lésbicas leprosas prostitutas polonesas mulatos libidinosos amarelos traiçoeiros negros sujos ciganos trapaceiros mendigos odiosos imigrantes traidores religiosos mentirosos carcamanos arruaceiros baianos preguiçosos anarquistas desordeiros guerrilheiros terroristas operários subversivos trombadinhas criminosos mexicanos pistoleiros kurdos revoltosos armênios maltrapilhos portenhos gigolôs parisienses pornôs campônios primitivos bóias-frias vagabundos índios matadores anarquistas contestadores esquerdistas demagogos hippies andrajosos dissidentes reacionários intelectuais alienados estudantes agitadores mulheres inferiores palestinos anti-semitas israelenses nazi-racistas comunistas antiCristo bastardos filhos da puta e todos outros tanto quanto UNI-VOS,

para que eu,
judeu ateu burguês capitalista comunista branco divorciado
brasileiro reservista possa algum dia voltar a pertencer.

Ser ateu porém judeu,
ser judeu mas não hebreu
Eis a questão!

Pelo primeiro cativeiro
e a resistência de Massada.
Pelas fogueiras da Inquisição
e os processos do Alcorão.
Pelos pogroms da paz
e as câmaras de gás.

Pelo velho neo-anti-semitismo universal,
sou judeu, sim.
Judeu sem Moyses e sem Thorah
pois nunca conheci Deus, Allah ou Jehovah.
Porém conheço Beguin
reacionário criminoso de guerra;
conheço o fanatismo sem fim
do povo eleito e de seus rabinos intolerantes;
conheço Israel, inimigo dos seus primos na terra,
e a arrogância do seu povo beligerante.

Mas sou circuncizado!
E assim permanecerei enquanto restar um judeu no mundo todo
perseguido e exterminado.

Ser nacional e universal,
universal mas não mundial!
Eis a questão!

Rejeitar o patriotismo de fachada
encerrado nos símbolos vazios da Pátria;
aprender que ser patriota
significa lutar pelas melhorias da vida da sua gente;
ter sempre consciente
que seu povo não é nem o eleito nem o único
e que o mundo contém mil fronteiras
mas bilhões de irmãos em terra.

Parece difícil compreender que universal não quer dizer igual
mas sim diferente na fraternidade.

Chegar lá, eis uma dura tarefa milenar!

Ser serrano porém urbano,
ser urbano mas ser humano.
Eis a questão!

Aspirar profundamente ao silêncio sólido da noite
ao marulhar das folhas ao vento
ao perfume da terra molhada
à transparência da Via Láctea
ao apito do grilo,
ao coaxar dos sapos e ao grasnar da arara.
Desejar diuturnamente o ritmo ralentado do campo
e a regularidade dos seus ciclos.

Mas ter o asfalto no sangue
a agitação à flor da pele
a necessidade do convívio do homem novo
só existente nos conflitos das cidades malditas
lutando consciente e diariamente
para manter a minha dimensão humana
tudo isto é que me faz intrinsecamente urbano
até o dia em que a tranqüilidade serrana
for a conseqüência natural
da vitória sonhada de uma nova Era.

Ser manual mas intelectual,
intelectual mas não profissional.
Eis a questão!

Nascer coberto com a crosta de Mujik
com as ásperas e grandes mãos do operário
com a teimosia do camponês empedernido
com o desprezo da postura do intelectual
com a sensibilidade grossa do elefante
mas ser jogado no trabalho do intelecto
ser lançado na tarefa do artista
por não sei quais milagrosos meandros do destino
e ter consciência de que não sei nada, nada mesmo,
e que consigo, tão-somente, a duras penas,
recriar a superficialidade evidente

me dilacera e assegura uma triste
e vazia trajetória de vida
e uma visão feita de imagens e não de realidade.

Ser povão porém patrão
ser patrão mas não ladrão.

Ser comunal mas individual,
ser individual porém social.

Ser capitalista porém marxista,
ser marxista e socialista.

Ser materialista mas idealista,
ser idealista mas não fascista.

Ser democrata e autocrata,
ser autocrata mas não aristocrata.

Ser modesto mas vaidoso
ser vaidoso mas despretensioso.

Ser ganancioso mas generoso
ser generoso e ambicioso.

Ser medroso mas corajoso
ser corajoso porém cuidadoso.

Ser terno e raivoso
ser raivoso mas carinhoso.

Ser erótico e não amoroso
ser amoroso e sensuoso.

Eis algumas outras questões!

Contradições aparentemente antagônicas
inseridas no meu mecanismo humano
sujeito a pressões diuturnamente dilacerantes
incapaz de gerir este tumulto anárquico
que me faz parecer
menos timoneiro preclaro e seguro do meu destino
mais o bombeiro atarefado em evitar a explosão, iminente e imprevisível
desta caldeira super aquecida
cuja válvula de segurança vomita vapores escaldantes
que acabam queimando os que me são mais próximos e queridos.

O quadro e a exposição
o livro e a biblioteca
a palavra e a edição
o solista e a orquestra
o dedo e a mão
o disco e a discoteca
a nota e a composição
o convidado e a festa
o grão do trigo e o pão
a árvore e a floresta

Eu na multidão?

Só um idealista prefere
dois pássaros voando a um nos dentes.
Não consigo morder na rede
a borboleta que persigo nos meus poentes.

Conseguirei vencer um dia
minha incapacidade de capturar qualquer momento,
seja a caravana no deserto
seja o raio no firmamento?

Tudo tem um fim

inclusive para mim

que não tenho louros

onde repousar

muito menos o infinito

para festejar.

Do embrião à lápide fria
no espectro do arco-íris
percorro os caminhos da cor
do rosa/azul ao vermelho/verde
atraído como ímã
pelo lendário barracão de zinco.

Nesta longa caminhada
à procura das minhas fantasias
sob o signo da cachaça
e de tantas casas vazias
meu corpo forte

        ora grita

ora esvazia o copo cheio
ou se resigna com o copo vazio,
arriscando tantas e tantas vezes
ser encurralado num beco sem saída.

Ouço no rádio o desfile na avenida
de todas escolas que perdi na vida.

Uma lágrima
acaricia minha face direita.

A bolha de pressão
aumenta no pulmão.

Outra lágrima
escorre na face esquerda.

Por que não abrir as comportas
e inundar a memória que é só neblina?

Às cinco em ponto de uma tarde de verão
plano nas ravinas e nos prados.
Subitamente, não sei por que, olho para trás;
surpreso encaro em cheio o astro rei.

Nenhuma nuvem ou árvore se interpõe.

Dou as costas à minha sombra
e procuro lidar com a cegueira,
quisera ser Van Gogh
mas só consigo ouvir trovões.

Debato-me como peixe
que fisgou a isca presa no anzol
amarrado por pescador em águas turvas
com linha de ouro num raio de sol.

São apenas cinco em ponto da tarde
mas a noite já caiu.

Sou apenas um grão no firmamento
mas epicentro do presente lento
onde reina a ilusão da onipresença
e sanidade e loucura são complemento.

Ao contrário do cometa,
como é curta a travessia única de um momento
no vazio do tempo.

Soou o sino dos setenta!

Nunca fui um tesão de homem
e o tesão da vida
foi murchando no meu freezer.

Sob a calota de gelo
um vulcão ativo
ano após anonovo
livra apenas lava de neve e brasa.

À meia-noite, é tarde para eu me entregar
em domicílio?!

Quero trovar minha cidade.
Minha cidade não se canta;
na minha cidade em prantos,
só às vezes, se ri, se fala e dança.
Não consigo encontrar as imagens
que poetizem satisfatoriamente as lembranças
        dos partos da saúde
        carnavais da paulista
        enterros da formosa
        estrondos de pólvora e luzes de balão
        santo antônio, são pedro e são joão
e minhas andanças
        nos domingos de abril, maio, junho e novembro
        nas vilas novas de boa e bela vista
        nos jardins da casa verde
        nos bosques do paraíso
        nas árvores do eldorado
        nos parques do barro fundo
        nos córregos de pedro e outros meninos
        nos caminhos de francisco, amaro e clementino
        no triângulo da Luz, Norte e Sorocabana
        no pique das bandeiras
        nas alamedas de amoras
        marianas, bertas e anas rosas
        na freguesia da república
        do brasil e estados unidos
        brigadeiros e marechais quatrocentenários,
        condes e baronesas ingleses,
        duques e marquesas franceses
        nos bandeirantes para as campinas de Jundiaí
        nos voluntários da pátria
        na aurora chic dos guaranis e timbiras
        nos imigrantes dos santos de itanhaém
        dos bares do bexiga, bom retiro, 25 de março,
                        [liberdade
        e viscondes de parnaíba e baía
        de josés, manés, efigênias e marias

na memória do rosário dos homens pretos
no gasômetro dos aflitos da glória
em consolação prudente na augusta cruz
do socorro das capelas das marginais e santas
nos pátios do colégio de tibiriçá, anchieta e
[penha,
à direita do patriarca da sé
entre os carneiros do morro do ó
os pinheiros dos campos são jorge, água
[branca e morumbi
e as perdizes dos caminhos do tamanduateí e
[congonhas
no pique das várzeas do canindé e ladeiras do
[cambuci
e nas trilhas de pirituba, carapicuíba,
[itapetininga,
butantã, anhangabaú, jabaquara, guarapiranga
e aldeias dos tatu-a-pés do ibirapuera e tucuruvi

ziguezagueando ao som das cornetas em dissonância
no corso de carruagens
ou nos bondes camarões metroviários
entre as pirâmides de concreto aparente
feito da argamassa de ossos podres
flutuando no paliteiro de chaminés que cospem cores
confessando nos guichês das catedrais
das wall streets da city paulistana
e fugindo do quebra-cabeça das catacumbas
de papelão, plástico, zinco e pau-a-pique.

Como então consigo me encontrar
nesta Babel da minha Babilônia desvairada
onde o suor dos músculos arco e flecha
me lava com lágrimas de sal e pimenta?

Por que o lixo das calçadas e sarjetas
os olhos em brasa
as mulheres pele e osso
o estupro das crianças
ricocheteiam em mim como o granizo na vidraça?

O que então aduba minhas raízes em São Paulo
e me adere a ela como a garoa nos paralelepípedos na madrugada?

Talvez seja porque do alto do jaraguá e cantareira
eu me irmane com todas estas formigas da baixada
que, do chá ao tietê, nadam contra a correnteza do asfalto
ou se afogam industrializadas como café em lata.

São Paulo cresceu com(o)
                a Vila Mariana.

Nasci na Vila Mariana no início do segundo quarto do século.
Nos meus setenta e três anos de vida,
cresci e envelheci na Vila Mariana,
acorrentado no Museu Lasar Segall aos fantasmas de meus pais,
e com eles finalmente descansarei
junto aos meus bisavós e avós,
no túmulo cativo do cemitério Israelita da Vila Mariana.

Na mansão de meus avós na Chácara Klabin da Vila Mariana
aprendi a engatinhar, a nadar e a bicicletar,
a brincar com irmão, primos e fazer amigos entre os vizinhos,
a bisbilhotar casais de namorados,
a masturbar nas provas de esguicho em distância,
rolar bolinha de gude, lançar pião,
desafiar com as pipas e jogar futebol de várzea,
caminhar e explorar as campinas, vales, colinas,
bosques, pastos e trilhas,
o olhar esperto para as cobras,
visitando as autoconstruções de caixões velhos encarapitadas
nos limoeiros dos pomares selvagens da Vila Mariana.

Na lamacenta Rua Afonso Celso,
conheci a virgindade da via láctea e da lua,
o pontilhado dos balões e o pipocar das bombas de São João,
aprendi a ouvir o silêncio
adormecendo na autêntica negritude da noite
embalado pela música dos grilos e dos sapos
e do sussurro da garoa, garoa, garoa.

Despertava com o cacarejar do galo e o ciscar das galinhas vivas,
o mugido das boiadas que passavam para o matadouro da Vila
                                                                   [Clementino,
e o tropel das parelhas de burros das carroças de lixo da Prefeitura.

No Liceu Franco Brasileiro da Mairinque aprendi a ler a escrever
e, na Vila Mariana, aprendi a papear e fazer tempo
com as quitandeiras, os sapateiros
os açougueiros, os farmacêuticos,
pagar as contas debitando o caderninho
e driblar o cobrador nos estribos do bonde Norte-Sul
a caminho do meu primeiro emprego de menor na fábrica de Santana,
onde aprendi a raciocinar e me conscientizar.

Na Vila Mariana, aprendi a namorar,
a amar e desamar, a procriar
e criar a prole.

Junto com a Vila Mariana, sem me aperceber, fui me alienando.

Quando à tarde acordei, a Vila Mariana
era um paliteiro de postes com luz neon acabando com a noite,
um formigueiro de casinhas acabando com as folhas e a grama,
flutuando nos gazes lacrimogêneos acabando com a vida,
a pobreza inundando como nunca a terra asfaltada.

Inconformado, nela militei em vão,
fui preso num "ponto" na Vila Mariana
e torturado na Tutóia do Ibirapuera logo ali do outro lado.

Em contraponto rebolei na Avenida
como passista da Escola de Samba
Barroca Zona Sul da Vila Mariana.

Hoje na Vila Mariana onde resido ilhado,
longe dos meus filhos e netos, amigos e namoradas,
me flagro tonto e despersonalizado
entre os Bancos, Shoppings, McDonald's, Blockbusters, Supermercados,
"conversando" com as máquinas com meu cartão automático e cheque
[especial,
acelerando o tempo sem saber por quê, para quê, e para nada.

Então por que continuo nesta São Paulo povoada do horror urbano e não me refugio nos poucos prados que ainda sobrevivem neste mundo iníquo, torto e louco?

Talvez por que meu coração,
de novo infantilmente desalienado,
pertença ao solo pátrio
                    da Vila Mariana.

Com a manga rota,
perna curta
sola gasta
percorro em ritmo lento

a pátina gravada na rotina

das ruínas dos templos gregos
o "sujo" das fachadas de pedra
trincas abalando os muros
raízes expostas ao orvalho
ferrugem enfeitando os troncos
musgo aderindo aos galhos
verde cobrindo o cobre
amarelo manchando as páginas
neve mofando o cabelo
sulcos separando as rugas

todas marcas indeléveis do tempo.

Saboreio o néctar
na jarra plena
da pátina dos anos
de vida brava e mansa.

Não lastimo com lágrimas
estas dádivas doídas
do oxigênio da existência
e da riqueza da natureza

mesmo que levem inelutavelmente
ao fim com a morte,
o apodrecer dos ossos no solo,

o esvoaçar das cinzas ao vento.

EPÍLOGO

> "O Comunismo está morto.
> Viva o Comunismo."
>
> *José Saramago*

Possuo!
Jamais conseguirei repor o imenso débito
da minha apropriação indébita.

POST SCRIPTUM

Cem pressentimentos
séculos mais séculos
com prados sem cravos.

                        Milênio de fomes
                        ventres inchados digerem
                        milhões de dinheiros

Pipocam rojões
meia-noite e zero horas
refúgio no sono

                sem sonhos.

                            (3 HAIKAIS)

"EU"

Maurício Segall, vulgo Maurício "Porra", filho de Jenny Klabin Segall e Lasar Segall, judeu de origem e por teimosia, ateu convicto, paulistano de carteirinha, nasceu em 1926 e, com alguns poucos interregnos (por exemplo, o ano e meio estudando na ENA de Paris com bolsa de estudo das Nações Unidas, em 1952-1953), sempre viveu e ainda vive no bairro da Vila Mariana, em São Paulo.

Iniciou seus estudos em 1932 no primário do Liceu Franco-Brasileiro na Vila Mariana e cursou o secundário no Colégio Rio Branco. Estreou sua vida profissional como operário de fábrica, onde trabalhou, em 1941, durante um ano com salário de menor.

É reservista de segunda categoria porque brincou de milico no serviço militar em Tiro de Guerra.

Formado em 1949 na Escola de Sociologia e Política de São Paulo, é bacharel em Ciências Sociais tendo inclusive participado em pesquisas antropológicas entre índios. Por prática e experiência, foi produtor teatral no Teatro São Pedro na oposição à ditadura na década de 70, administrador de empresas (quando inclusive foi motorista de caminhão) e de instituições culturais, museólogo e arquiteto amador. Fundou o Museu Lasar Segall em 1967 e o dirigiu desde então até 1997, no seu papel de resistência e alternativa à massificação e mercantilização cultural.

Sempre foi militante político de esquerda a partir de sua participação como delegado de sua Faculdade no primeiro Congresso Nacional da UNE, na velha sede na Praia do Flamengo, no Rio de Janeiro, depois do fim da ditadura do Estado Novo. Sua primeira militância institucionalizada se deu no Partido Comunista Brasileiro, quando integrou sua célula na USP, onde foi professor assistente de 1949 a 1956 na Faculdade de Ciências Econômicas e Administrativas. Desligou-se do PCB após a divulgação, em 1957, do relatório Kruchev no XX Congresso do PCUS, mas nunca deixou de ser marxista militante por ideologia e comunista sonhador por necessidade.

Entre outras participações políticas, militou ainda na ALN chefiada por Carlos Marighella durante a ditadura militar, razão pela qual foi preso e torturado em 1970 e condenado a dois anos de prisão pela Justiça Militar das quais cumpriu um. Fundador do PT em 1980, foi seu militante de base até 1995 assim como integrante de diversas Comissões de Ética dos seus Diretórios Nacional, Estadual e Municipal.

A postura ideológica que informou toda a vida política do poeta é enfatizada pela citação "O comunismo está morto, viva o comunismo", de José Saramago, que Maurício Segall escolheu para capear seu poema — "A propriedade" — do presente livro.

Tido como generoso e solidário, às vezes, no entanto, gostaria, mas tem dificuldades, de dizer "não" e, apesar de não procurar sarna pra se coçar, tenta sempre lidar, da melhor forma possível, com aquelas numerosas que cruzam seu caminho.

Autor de duas peças premiadas de teatro, *A Formatura* e *O Coronel dos Coronéis*, editadas pelo Serviço Nacional de Teatro e pela Editora Civilização Brasileira, foi ainda autor de diversos artigos sobre política cultural, política em geral, racismo, museologia, administração e outros, publicados em periódicos e jornais como *Cadernos de Opinião*, *Teoria e Debate*, *Novos Estudos CEBRAP*, *Shalon*, *Jornal do Brasil*, *Revista de Administração da FCEA - USP*, e participante com intervenções em vários Congressos e Encontros, sobretudo na área de museologia, algumas publicadas em atas.

É membro fundador dos Conselhos do Centro Brasileiro de Pesquisas (CEBRAP), da revista *Teoria e Debate*, da Fundação Flávio Império, da Fundação Ema Klabin, do Conselho Deliberativo do Museu Lasar Segall, ex-passista ativo da Escola de Samba Barroca Zona Sul da Vila Mariana, ateu praticante, antimisógino ferrenho e feminista convicto, sócio da Sociedade Brasileira de Whisky mas também chegado na cachaça, e acha que a noite é feita para repousar nos braços de Morfeu e não para madrugar com Baco na sarjeta.

Divorciado, pai, avô e sogro coruja de três queridos filhos e noras, uma neta e cinco netos, passa as horas que lhe restam papeando com eles, namorando as pouquíssimas mulheres maravilhosas que coloriram sua vida, bebericando com alguns fiéis amigos e amigas, "gourmand" mas não "gourmet", se virando na cozinha desde que não seja por obrigação, caminhando nas montanhas, pescando em alto-mar, viajando pelo Brasil e pelo Mundo quando se permite, vendo cinema em casa, lendo nos sinais vermelhos, planando com a música desde Pixinguinha até Bach, vociferando colérica e grosseiramente por besteiras, indignando-se dolorosamente com as injustiças, chateando a todos com suas insistências, impaciências e mesquinharias, fantasiando Eros nas insônias, incuravelmente romantizando até o irromantizável, tentando fazer da coerência sua bandeira e procurando poetizar tudo aquilo que ainda mexe com sua vida.

Meu outro "Eu"

ÍNDICE GERAL

TEXTO - TORRENTE - *Wilma Arêas*, 7
INTRODUÇÃO - *Maurício Segall*,13
INSTANTES - *Jorge Luiz Borges*, 17

POEMAS*

PRÓLOGO
Sabia você que já aos 24 anos de idade, - O APRENDIZ DE FEITICEIRO, 23

RODA DA POESIA
A feição é máscara de nossos abismos, - MÁSCARAS, 27
Se água pode ser pedra, - ABC DA POESIA, 28
Poema poeira da poesia - POETIZAR - 29
Quando as lágrimas irrigam a lama - ATEÍSMO, 30
Gozar a vida é preciso - A LÓGICA DA PIRATARIA, 31
Quando o olhar sem foco - NÃO ENTIDADE, 32
Poesia é feminino - FEMININO-MASCULINO, 33
Você pensa que cachaça é cana - ODE À CACHAÇA, 34
Tudo pode ocorrer ao dobrar a esquina. - ESQUINAS, 37
O que seria a vida sem a morte? - VIDA E MORTE, 38
Os raios da lua cheia - TRANSCENDÊNCIA, 39

AR, TERRA E MAR
Na ponte de comando - HORIZONTES, 43
Prados de mil cores - FLORES (6 HAIKAIS), 44
Crepúsculo, hora mágica... - PASTORAL, 45
Quando o mar ondula - GOLFO CORCOVADO, 46
O mar hipnotiza - DESTINO, 47
Como é cinza o arco-íris na montanha. - CINZA, 48
A pele está sedenta de vento - PALAVRAS AO VENTO, 49
A garoa é minimalista - GAROA E CHUVA, 50
Na ressaca do mar - LUTO, 51

PESARES E SOLIDÃO
Gostaria de chegar ao século vinte e um - SÉCULO XXI, 55
No calçadão da Rue du Mont Blanc - SOLIDÃO, 56
Estar só! - SOLITÁRIO, 57
"Pas de deux" do desacordo. - BALLET MALUCO, 58
Descalço e nu, - MARATONA NOTURNA, 58

---

*) Neste índice aparece o primeiro verso de cada poema, seguido do nome do poema, em maiúsculas.

Às 6 horas acordo vazio - ROTINA VAZIA, 60
Por que não soube - PESARES, 61
Sou todo do samba - DESAFIOS (3 HAIKAIS), 63

VÊNUS
Como tem sido cruel - MADRUGADA, 67
Como Diana, - DIANA, 68
Cada corte de uma fatia - O COMEÇO DO FIM, 69
Paris, onde está - PARIS SEM LUZ, 70
Amor descoberto, - A COROA, 71
Perder Diana - PERDA, 72
Caminho na praia / - VENTO/LESTE, 73
Tua memória povoa minha cidade. - A CIDADE E A JARRA, 74
A flor é amarela - O SOFÁ E A PRAÇA, 75
Asfixiado pela aridez em pleno oásis, - A FUGA DO EGITO, 76
Quando a lua, recheada de papel machê, - REMORSO, 77
Jamais conversei tanto - TELEFONE, 78
A névoa - VÔO-DELTA, 79
Com um dedilhar ao violão, - DESENCONTRO: SONETO EM DÓ PARA UMA RIMA SÓ, 80
O sabor gostoso de sutis olores, - THEREZA, 81
Na praia de Massaguaçu - LUNDU EM UBATUBA, 82
Inesperadamente lento - MARIA (FERMENTO), 83
Velas - DEVANEIO, 84
Vera, se vero, - VERA, 86
You got under my skin - PAIXÃO TRILINGÜE, 87
Querida Gaivota Maria, - BEM-VINDA, 88
Dizem os navegantes - AMOR, 89
Me sinto como o grão roliço - DESCARTE, 91
Venha - ESPELEOLOGIA, 92

FOLGUEDOS TRAGICÔMICOS
Tenho editor! - IDENTIDADE, 95
As maçãs são todas igualmente coloridas. - A VERDADE, 96
Hoje não é dia de casamento nem de noivado - O DIA DO NADA, 97
Vi na TV Globo - PUBLICIDADE, 98
A mulher dos cãezinhos da rua Pombal - MÍMESE (TISMO), 99
Por que te prestar - ALTERNATIVA, 100
Hotel Fortaleza Tambaú! - TURISMO, 101
Saborear a bem-amada - O BANQUETE, 102
Amorosamente pensar na bem-amada, - ÊXTASE, 103
Adoro sempre repetir o sonho apaixonado - MEU ESQUELETO BEM-AMADO, 104
Trinou o sino - CHURRASCARIA, 106

EM FAMÍLIA
Pedregulhos frios na lápide quente, - NO TÚMULO DO MEU PAI, 109
No tardio abraço vigoroso e apertado, - PAI E FILHO, 110
Pedro meu estranho pedrisco. - PEDRO, 111
De Rita e Sérgio - JOÃO, 115
Enfim apitou o clarim! - JOAQUIM, 116

Você nasceu num dia comum! - FERNANDO, 117
Minha primeira neta - OLÍVIA, 118
Francisco, que tua vida seja tão longa, fértil - FRANCISCO,119

JOGOS DE PALAVRAS
O fogo na chapa - CHIA CHÁ, 123
Mundo novo - BRAVE NEW WORLD, 124
Nuvens escuras - SUB URBANO, 125
Lágrimas a rodo! - O CASAMENTO, 126
Sedução, promessa não comprida. - PRISÃO DE ALTA SEGURANÇA, 127
Todo amor - CAMINHOS, 128
Consumo - O MERCADO, 129
Manch (a) ete - CABEÇALHO, 130
So lidão é estar (no) só(tão) - SÓ, 131
Broto - O OVO E A GALINHA (VIDA, INSTINTOS E SENTIDOS), 132

TRISTEZAS E INDIGNAÇÕES
Cerveja cristal no bar, - MORTE NAS MALVINAS, 135
Lago de Todos os Santos - CONE SUL, 136
O sopro viceja em brotos, frutas e flores - LEDO SONETO EXCREMENTO, 138
O enxame de crianças - SINAL VERMELHO, 139
Minha cidade - CIRANDA, 140
Zero horas no semáforo - SEMÁFORO, 141
Gafanhotos - ALDEIA GLOBAL, 142
Duzentas mil lamparinas, - TENEBRAS, 143
Precedente - Não lavaram os pincéis! - BIENAIS, 144
Venham, venham admirar - SALVE BEAUBOURG-POMPIDOU!, 146
Sulcado pelas unhas do "gato" urbano - LEME, 148
Quando explodiu o bueiro - O BANCO E O BUEIRO, 149
Explodiram cinco cosmo cratas - COSMOS, 150
Jingle mel, jingle fel, - JINGLE BELL, 152
Frente àquele monte de andrajos - AMOR / ASCO, 153
A morte não é solene, - A MORTE, 154
Quando morreu Ogam, - MORTE MINEIRA, 155
Quando morreu Annes, - MORTE GLOBAL, 156
Como é triste - GAROTAS DE IPANEMA, 157
José, aprendiz de eletricista, - ÀS CINCO EM PONTO DA TARDE (SAGA NORDESTINA), 159
Com o corpo orvalhado - 1º DE MAIO, 171
A rua encharcada das lágrimas da greve - A GREVE, 172
Adentrarei o século XXI - SÉCULO XX, 173
Só o lixão da vida - LIXO E INCLUSÃO, 174
Eu e o monitor, - COM PUTA DOR, 175
No terror vigente - CAPITALISMO, 177
A bandeira tremula no alto - SÍMBOLOS E HERÓIS, 178
Comandantes não comandam - TECNOLOGIA DE PONTA, 180

EROS
O voraz saboreio de cada milímetro - AMOR DESEJO, 183
Fama tinha de mulher dama. - MULHER DAMA, 184

No recordar obsessivo, - CORPO VELHO, CORPO JOVEM, 185
No mergulho na tua seiva - MULHER TERRA, 186
Dê-me calor - GOZO, 187
O mar nasce de mãe solteira - ANAID E O MAR, 188
Quando minhas mãos turistas - FRUSTRAÇÃO, 190
Botão fruta do teu lábio - TEUS BOTÕES, 192
Quero tanto, - DESEJO, 193
A mão pronta a espremer o pêssego - VOLÚPIA, 194
Lento, - LÁBIOS E NINFAS, 195
Feito da lã mais fofa - TEU CORPO É MEU CONFORTO, 196
Do orvalho da fonte - A COR DO PERFUME, 197
Gosto do mar e adoro Maria - GAIVOTA MARIA DO MAR, 198
Cada aperto, cada achego, - SENTIDOS NÚS, 200
Após um estiado longo - RESSURREIÇÃO, 205
As passistas natas da brasilândia - EROSLÂNDIA, 206

MEMÓRIA E INTROSPECÇÃO
Intuição, substantivo abstrato, - PRE-VIDENTE, 209
Ontem, provei aquela maçã - A MAÇÃ, 210
Quando penso em água - ÁGUA, TERRA E SAGA, 211
Segall cor al - DEZ ANOS DE CORAL M.L.S., 213
A têmpora pulsa! - ANGÚSTIA, 214
Insetos, aracnídeos, crustáceos e ofídios, - PESADELO, 215
Ser mas não pertencer, - EU E NÃO EU - CONTRADIÇÕES, 216
O quadro e a exposição - PANO PRA MANGA, 222
Só um idealista prefere - O MOMENTO, 223
Tudo tem um fim - FINITUDE, 224
Do embrião à lápide fria - BARRACÃO DE ZINCO, 225
Ouço no rádio o desfile na avenida - NOSTALGIA, 226
Às cinco em ponto de uma tarde de verão - MORTE SÚBITA, 227
Sou apenas um grão no firmamento - RAÇÃO DE VERME, 228
Sooou o sino dos setenta! - DESPERTA DOR, 229
Quero trovar minha cidade. - SÓ PARA PAULISTANO, 230
São Paulo cresceu com(o) - ODE À VILA MARIANA, 233
Com a manga rota, - ENVELHECIMENTO, 237

EPÍLOGO
Possuo! - A PROPRIEDADE, 241

POST SCRIPTUM
Cem pressentimentos - 2000 (3 HAIKAIS), 245

"EU" - *Meu outro Eu*, 247

Este livro terminou
de ser impresso no dia
29 de março de 2000
nas oficinas da
Gráfica Palas Athena